図解でわかる

改訂
6版

社会保険
いちばん最初に読む本

特定社会保険労務士
米澤裕美［著］　**山田芳子**［編著］

アニモ出版

はじめに

　この本を書きながら、ふと学生時代に描いた夢を思い出しました。就職活動のとき、ノートのコピーを1枚握りしめて、法律専門の出版社の最終面接に向かったときのことを…。面接で私はいいました。

　「法律は、とてもむずかしい本ばかり。もっと図や絵があって、楽しくみんなにわかりやすい本をつくりたい！」

　面接官はいいました。

　「きっとこれからは、そんな本が必要なのだろうね」

　でも、そのときには夢はかないませんでした。

　また、大学3年のときに、初めて社会保険労務士の試験を受けました。一生懸命勉強しました。でも、いくら勉強しても、ちんぷんかんぷんで、見事不合格！　学生の私にとって、社会保険のしくみは、言葉もむずかしいし、まるで関わりのないリアリティのない世界でした。

　「社会保険や年金って、むずかしい…」

　あれから十数年の時を経て、開業社会保険労務士として仕事をし、このたび夢をかなえる貴重な機会をいただきました。

　「もっと多くの人に社会保険のしくみを知ってほしい！」

　会社で社会保険の実務に携わっている方はもちろん、子育て世代や定年後のセカンドライフを考えている方々が、社会保険や年金制度を上手に活用して、育児・介護・退職（失業）などさまざまなライフイベントを賢く過ごす一助になればと考えています。

　また、社会保険労務士、ＦＰ、医療・福祉関連の資格を初めて勉強する方が基本的なしくみを学ぶきっかけになればとも思っています。

　2011年2月　　　　　　　　　　　　特定社会保険労務士　　山田芳子

【改訂6版発刊に寄せて】

　本書は、2011年3月に初版発刊後、おかげさまで改訂6版の発刊を迎えることができました。ここまで版を重ねることができ、本当にありがとうございます。とても嬉しく思っています。

　本書は、会社で人事労務や総務の仕事を始めたばかりの方や、社会保険労務士、ファイナンシャルプランナー（FP）、医療・福祉関連の資格を初めて勉強する方々に向けて、社会保険の基本を理解いただけるようにやさしく解説した本です。

　ところで、現代の企業経営においては、「人的資本経営」が重要視されています。従業員が健康で安心して働ける環境づくりに努めることは、とても大切です。そのためには、公的な社会保険への適切な加入と運営は、とても重要です。

　前回の改訂5版では、コロナ禍においての対応なども入れていましたが、少し落ち着いてきました。そこで、今回の改訂6版では、コロナ関連の内容は取り除き、社会保険の適用範囲の拡大や、マイナンバーカードが健康保険証として使えるようになったことなど、最新の情報を盛り込みました。

　また、育児休業制度などの最近の改正についても織り込みましたので、改正前と改正後の内容確認にもお役立ていただければ幸いです。

　2024年2月　　　　　　　　　　　　特定社会保険労務士　米澤裕美

◎本書の内容は、2024年2月15日現在の法令等にもとづいています。
◎QRコードは、利用規約にもとづいて掲載しています。掲載元サイトは、厚生労働省、日本年金機構、労働局、e-Govなどです。URLが変更となった場合は、参照エラーとなることもありますので、その場合はキーワードなどで検索くださいますようお願いいたします。

図解でわかる社会保険　いちばん最初に読む本　改訂6版

もくじ

はじめに

PART 1
社会保険のしくみと必ず知っておきたい基礎知識

会社に勤めている人の基礎知識です。

ライフイベント別の給付の基本ですね。

PART2
公的医療保険＝健康保険のしくみはこうなっている

健康保険か
らの給付は
いろいろあ
ります。

PART3

介護保険のしくみは
こうなっている

40歳になる
と介護保険
料を払うよ
うになりま
すね。

介護サービスはいっぱいありますよ。

日本国民なら全員、国民年金に加入しているんですって。

年金の種類や受給開始時期を知っておきましょう。

年金のもらい方は知っておきたいですね。

PART5
労働保険のしくみは こうなっている

労災保険と雇用保険をあわせて労働保険というんですね。

失業給付のことはやはり気になります。

コラム

カバーデザイン◎水野敬一
本文ＤＴＰ＆図版＆イラスト◎伊藤加寿美（一企画）

PART 1

社会保険のしくみと
必ず知っておきたい基礎知識

公的保険の基本的なしくみを
みていきましょう。
おもなライフイベント
別の給付についても
触れています。

公的保険は私的保険とどこが違うのか

保険事故が起きたときに保険給付が発生する

「保険」とは、「たすけあい」のシステムです。病気、ケガ、事故、災害、リストラ…、人生にはいろいろなリスクがともない、ときには、大きなお金が必要となることがあります。「保険」は、そんなリスクに備えて、日頃から、みんなで少しずつお金を出しあって、困ったこと（**保険事故**）が起きたときには、困っている人に必要なお金を支払って助けあうしくみです。

私的保険の場合は、保険会社（**保険者**）と保険契約者（**被保険者**）が契約を結び、保険会社が決めた保険料を契約者が支払い、保険事故（事故・災害など）が起きた場合に、保険金が支払われるしくみです。

これに対して「**公的保険**」は、政府、全国健康保険協会、健康保険組合など、法律で定められた公的保険を運営する保険者に被保険者が保険料を支払い、保険事故が起きたときには、保険者から保険給付が行なわれます。

「私的保険」との大きな違いは、保険料のほか、国・地方自治体などによって、税金で補助が行なわれ、社会全体で支えることが必要な人たちに給付を行なうという点です。これが、公的保険の大きな特徴でもあります。

また、保険は、どんなに保険料を支払っても、保険事故が起こらなければ、保険給付を受けることはできません。貯蓄との大きな違いです。

つまり、保険は、もらえる条件に該当しなければ掛け捨てとなり、1円ももらえません。たとえば、雇用保険料をどんなにたくさん納めていても、結婚して仕事を辞め、そのあとに仕事を探さない場合は、失業保険（正確には「基本手当」という求職者給付をいいます。☞188ページ）は、もらえる条件に該当しないので一切もらえないことになります。

◎私的保険と公的保険の違い◎

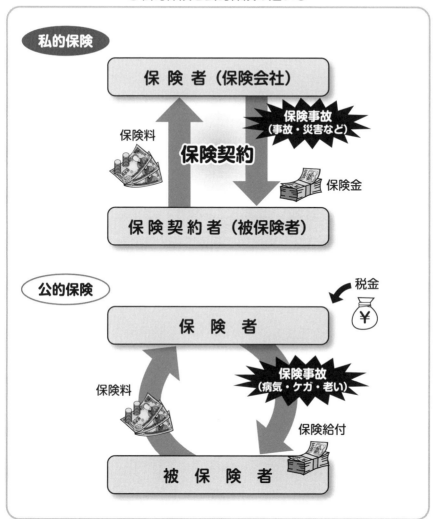

私的保険

保険者（保険会社）

保険料

保険契約

保険事故
（事故・災害など）

保険金

保険契約者（被保険者）

公的保険

税金

保険者

保険料

保険事故
（病気・ケガ・老い）

保険給付

被　保　険　者

知っ
トク！

保険事故

　生命保険の死亡や手術、自動車保険の自動車事故など、それが発生したときには、保険者が保険金の支払いをしなければならない困った事実を「保険事故」といいます。私的保険の場合は、保険約款で細かく決まっており、公的保険の場合は、法律などで定められています。

社会保険にはどんなものがあるのか

社会保険の種類は広義と狭義に分けられる

　公的保険には、いろいろな種類があります。たとえば日本では、保険証（被保険者証）を出せば、病院の窓口でわずかなお金を支払うだけで治療を受けることができます。これが「**公的医療保険**」で、「**健康保険**」「**国民健康保険**」「**共済組合**」などの制度があります。

　保険料を原則10年以上払えば、老後に年金がもらえます。これが「**公的年金**」で、「**国民年金**」「**厚生年金保険**」などの制度があります。2015年10月より、「**共済年金**」制度は、**厚生年金保険と一元化**されました。

　そのほか、介護が必要となったときに介護サービスが受けられる「**介護保険**」があります。「医療保険」「年金」「介護保険」の３つを総称して、「**狭義の社会保険**」といいます。

　さらに、仕事中と通勤途中の病気・ケガを補償する「**労働者災害補償保険**」（労災保険）があり、失業したときや育児休業などで賃金が出なかったり少なくなったときに、生活費の保障として給付金が出る「**雇用保険**」もあります。労災保険と雇用保険の２つをあわせて「**労働保険**」といいます。そして、労働保険と先の「狭義の社会保険」とをあわせて、「**広義の社会保険**」と呼ぶことがあります。

　ちなみに、会社員・公務員など、労働者として働く人たちの公的保険を「**被用者保険**」（職域保険）といい、おもにそれ以外の自営業の人などが加入する公的保険を「**地域保険**」といいます。

知っトク！　共済組合

公務員や私立学校の教職員が加入し、おもに医療保険や年金をカバーする制度で、国家公務員が加入する「国家公務員共済組合」、地方公務員が加入する「地方公務員等共済組合」、多くの私立学校の教職員が加入する「日本私立学校振興・共済事業団」に分類されます。

◎公的保険を分類してみると◎

労働者として働く人が加入する公的保険
（会社員・公務員など）

被用者保険

労働者災害補償保険

仕事中・通勤途中の病気・ケガの治療費の面倒をみてくれる。療養期間中または障害の残った労働者・死亡した労働者の遺族の生活費としてのお金がもらえる。

雇用保険

失業したとき、育児休業・介護休業、定年後に給与がダウンしたときにお金がもらえる。

健康保険

少ない負担で病気・ケガの治療が受けられる。出産費用がもらえる。多額の治療費がかかったときにお金を返してくれる。療養中や産前産後休業中の生活費の一部がもらえる。

厚生年金保険

障害が残ったとき、老後・遺族の生活保障として、一定期間、加入している被保険者は厚生年金と国民年金の両方がもらえる。

共済組合

公務員・私立学校の教職員版の医療保険制度。年金制度は2015年10月に厚生年金保険と一元化された。

地域保険

介護保険

介護が必要になったときに必要な介護サービスが受けられる。

国民健康保険

少ない負担で、病気・ケガの治療が受けられる。出産費用がもらえる。多額の治療費がかかったときにお金を返してくれる。

国民年金

障害が残ったとき、老後・遺族の生活保障として、国民年金がもらえる。

労働保険

（広義の）社会保険

（狭義の）社会保険

医療保険

年金

「国民皆保険」「国民皆年金」ってな〜に？

「国民皆保険」だから治療費が安くすんでいる

　日本の医療は、「国民皆保険制度」であり、日本に住んでいる人は全員、公的医療保険に加入しなければならないものとされています。

　もし、公的医療保険制度がなかったら、どうなるでしょうか？　本来の治療費は、非常に高額です。たとえば、風邪をひいただけなのに、注射１本１万円、薬だけで数千円・数万円などということも少なくありません。アメリカでは、盲腸の手術に100万円以上かかることもあるそうです。

　公的医療保険がなかったら、非常に高額な治療費をすべて自分で支払わなければならず、病気やケガをしてもすぐに病院で治療を受けることができなくなります。

　現在の日本は、患者が保険証１枚で好きな医療機関に受診できる「フリーアクセス制」をとっているのが日本の医療の大きな特徴で、世界的にも高く評価されています。

「国民皆年金」によって高齢者の生活を支えている

　1961年（昭和36年）の国民年金法制定により、日本は「国民皆年金制度」とされており、現行制度では、日本に住んでいる20歳以上60歳未満の人は、年金をもらう権利がなくても、国民年金に全員加入しなければならないしくみです。

　日本の年金は、高齢者の生活の大部分を支える柱となっており、高齢者世帯の収入の約７割が年金で、約６割の高齢者世帯が年金収入だけで生活をしている現状があります。

　また、進行する超高齢社会に備えて、2000年（平成12年）には介護保険制度が制定され、定着しています。

　「医療」「介護」「年金」が社会保障の三本柱といわれていましたが、いまはこれに「子育て」を加えた４つが社会保障の柱と考えられています。

◎「医療」「介護」「年金」「子育て」が社会保障の柱◎

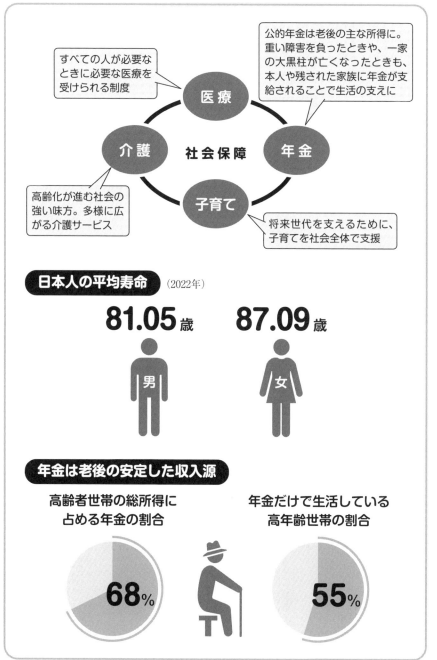

公的年金は老後の主な所得に。重い障害を負ったときや、一家の大黒柱が亡くなったときも、本人や残された家族に年金が支給されることで生活の支えに

すべての人が必要なときに必要な医療を受けられる制度

医療

社会保障

年金

介護

子育て

高齢化が進む社会の強い味方。多様に広がる介護サービス

将来世代を支えるために、子育てを社会全体で支援

日本人の平均寿命 （2022年）

81.05歳

男

87.09歳

女

年金は老後の安定した収入源

高齢者世帯の総所得に占める年金の割合

68%

年金だけで生活している高年齢世帯の割合

55%

（政府広報オンライン「社会保障と税の一体改革」より一部抜粋）

19

「社会保険方式」と「世代間扶養」のしくみとは？

年金制度のしくみはどうなっているのか

　日本の年金制度は、「社会保険方式」をとっています。

　公的年金制度の加入者は、保険料を拠出し、それに応じて年金給付を受けるしくみです。一方、障害をもった人たち、働き手を失った遺族など、現役時代の給与の低い人などにも一定以上の年金を保障するしくみとなっています。

　公的年金は、現役世代の保険料負担で高齢者を支える「**世代間扶養**」という考え方で運営されています。これは、1人ひとりで私的に行なっていた老いた親の扶養や仕送りを、社会全体のしくみに広げた「**社会的扶養**」ともいえるもので、社会全体で負担を分かち合う「助け合い」のしくみです。

　しかし、少子高齢化が進み、1965年には1人のお年寄りを約9人で支える「胴上げ型」の社会だった日本は、いまや支え手が3人弱に減少する「騎馬戦型」の社会になりました。2050年には現役世代1人が高齢者1人を支える「肩車型」の社会になると想定されています。

　これを踏まえて、2004年（平成16年）の年金制度改正により、2017年度（平成29年度）まで保険料水準を固定したうえで毎年、保険料が引き

◎日本の社会保障制度のしくみ◎

保険料	**税**	**利用者負担**
医療・介護・年金・失業など誰もが遭遇するリスクについてみんなが収入等に応じて、保険料を負担し、助け合います。	所得水準からみて保険料でまかなえない分や低所得者向けの施策のほか、子ども・子育て施策や基礎年金の財源の2分の1などに税金が使われています。	医療・介護等のサービスを受ける際には、その費用の一部を負担します。

◎年金は世代間で支え合っている◎

少子高齢化により、支える現役世代が減ってきています。このままいくと、2050年には現役世代1.2人で1人の年金受給者を支える試算も出ています。

上げられてきました。

　厚生年金保険料については、今後引き上げはなく、固定となりますが、国民年金保険料については、国民年金第1号被保険者（☞122ページ）の産前産後期間の保険料も免除するために、その財源として月額100円程度が引き上げられました（2019年4月より）。

年金は「世代間の支え合い」

　いま働いている世代（現役世代）が支払った保険料を　その時々の高齢者などに仕送りするように年金給付に充てる方式のことを「賦課方式」といいます。

　しかし現役世代は、いまの年金受給世代へ仕送りをしているだけではありません。

　人は誰でも、病気やケガ、死と隣り合わせにいます。そんなときに、「障害年金」や「遺族年金」を受給することにより、生活が支えられることもあります。

　年金保険料を納めていなければ、不意の事故などにあったときに生活ができなくなることを考えると、保険料を納めることは自分のためにもなるのですね。

健康保険・厚生年金保険の加入のルールは？

社会保険の加入が適用される事業所とは

　健康保険と厚生年金保険は、事業所単位で加入することとなっています。株式会社など法人の事業所の場合は、すべて**強制適用**です。

　一方、個人経営の場合は、常時使用する労働者数や事業の種類に応じて、強制適用となるか否かが決まります。具体的には、常時5人未満の事業所については、すべての業種について**任意適用事業所**とされています。また、常時5人以上であっても、適用業種に該当しない個人経営の事業所については任意適用事業所となります。

◎強制適用事業所と任意適用事業所の定義◎

強制適用事業所	①国、地方公共団体または法人の事業所すべて ②常時5人以上の従業員を使用する適用事業（※）を営む個人の事業所
任意適用事業所	①常時5人未満の従業員を使用する個人の事業所 ②適用事業（※）以外の事業を営む個人の事業所
（※）製造業、土木建設業、鉱業、電気ガス業、運送業、貨物積みおろし業、清掃業、物品販売業、金融保険業、保管賃貸業、媒介斡旋業、集金案内広告業、教育研究調査業、医療保健事業、通信報道業、社会福祉事業、士業	

　健康保険と厚生年金保険は原則として、セットで加入することになっています。片方のみを選択して加入することはできません。

　ただし、医療機関、建設業など「**国民健康保険組合**」に加入している事業所は、適用除外の承認手続きをすれば、健康保険に加入せず、厚生年金保険のみに加入することができます。

　ちなみに、国民健康保険組合とは、同種の業種または事務所に従事する者を組合員として、都道府県の認可を受けて組織されたもので、国民健康保険の保険者として、給付などの各種事業を行なうところです。

社会保険の被保険者となる人は

　社会保険では、医療保険（健康保険）や年金保険の適用を受ける人を

「被保険者（ひほけんしゃ）」といいます。たとえば、健康保険では後期高齢者医療制度の対象にならない75歳未満の人、厚生年金保険では70歳未満の人が被保険者となります。

◎健康保険と厚生年金保険の被保険者◎

	健康保険	厚生年金保険
70歳まで	強制加入 （65歳以上で後期高齢者医療制度の対象となる場合は、なし）	強制加入
70〜74歳		なし
75歳以上	なし （後期高齢者医療制度の対象）	

社会保険の適用事業所で働いて報酬を受けている従業員は、適用除外となる従業員を除いて全員が健康保険と厚生年金保険に強制加入となります。臨時に使用される2か月以内の期間で雇い入れられる従業員などについては適用除外ですが、一定の条件を満たすパート従業員は、健康保険・厚生年金保険の被保険者となります。

また、労働保険と違って、健康保険・厚生年金保険の被保険者は、法人の役員も強制加入となるのが特徴です。一方、個人経営の事業主は、加入対象とはなりません。

国民健康保険組合の事業所に使用される従業員は、健康保険のみ適用除外となり、国民健康保険組合が運営する国民健康保険から必要な給付を受けることになります。

知っトク！ 士業事務所の一部も強制適用事業所の対象に

2022年10月1日以降、適用対象となる士業に該当する個人事業所のうち、常時5人以上の従業員を雇用している事業所は、健康保険および厚生年金保険の適用事業所となりました。適用の対象となる士業とは、弁護士、沖縄弁護士、外国法事務弁護士、公認会計士、公証人、司法書士、土地家屋調査士、行政書士、海事代理士、税理士、社会保険労務士、弁理士です。健康保険等に加入する場合は、新規適用届、被保険者資格取得届等の届出が必要となります。

6 短時間労働者と社会保険

パート・アルバイトの場合はどうなるの？

労働時間・労働日数が一定以上だと加入義務あり

パート・アルバイトであっても、「１週の所定労働時間および１か月の所定労働日数が常時雇用者の４分の３以上」ある場合は、社会保険（健康保険・厚生年金保険）に加入しなければなりません。

また、「４分の３に満たない」場合でも、次の要件にすべてあてはまる場合は、適用対象となります。

①被保険者である従業員101人以上の企業（「特定適用事業所」という）等で働いている

　2024年10月からは51人以上の企業が対象となります。

②週の所定労働時間が20時間以上である

③賃金の月額が8.8万円（年収106万円）以上である（残業代や一時金などは含まれません）

④２か月を超える雇用の見込みがある

⑤学生でないこと

加入によるメリット

社会保険に加入すると、次のようなメリットがあります。

●将来、老後に厚生年金分が上乗せ支給されます。

●障害となった場合は、基礎年金に加えて厚生年金が支給されます。

●万一亡くなった場合は、遺族に遺族厚生年金が支給されます。

●健康保険の給付が充実し、ケガや出産により仕事を休む場合には、賃金の３分の２程度の給付を受け取ることができます。

被扶養者の制度を利用できる場合とは

収入要件にあてはまれば、健康保険の「被扶養者」（☞50ページ）となったり、保険料の負担がない「国民年金」（第３号被保険者）や「国民健康保険」に加入することができますが、上記要件に該当する場合は

◎パートタイマーの社会保険の適用拡大のしくみ◎

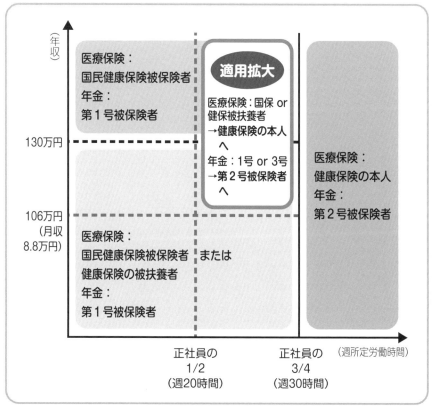

（東京都産業労働局「パートタイム労働ガイドブック」より）

（収入要件を満たす場合であっても）、本人が健康保険・厚生年金保険に加入しなければなりません。

　なお、雇用保険については、社会保険の加入基準とは違い、次のことが加入要件となります。

①31日以上引き続き雇用される見込みがある

②週の所定労働時間が20時間以上である

　2022年4月からは、2以上の事業所合算で、1週間の所定労働時間が20時間以上ある65歳以上の高年齢被保険者は、一つの事業所での勤務では加入要件を満たすことができない場合でも、本人からの申し出により雇用保険の被保険者となれるようになりました。

（※2024年10月以降の改正については、46ページ参照）

25

社会保険の保険料はどのように決まるのか

保険料算定のもととなる報酬とは何か

　会社員などが加入する健康保険と厚生年金保険の保険料は、給与など毎月支払われる報酬（ほうしゅう）と年3回まで支払われる賞与の額をもとに算定されます。

　「報酬」とは、賃金、給与、俸給、手当、賞与その他いかなる名称であるかを問わず、労働者が労働の対償として受けるものをいい、臨時に支払われるものや3か月を超える期間ごとに支払われるもの（賞与）を除いたものをいいます（賞与は別途、保険料の対象となります）。

　たとえば、「通勤手当」は、所得税では一定額までは非課税とされており、所得税を計算する際の課税所得から除かれます。しかし社会保険では、通勤手当も報酬に該当し、社会保険料の計算に含まれるので注意が必要です。

　また、食事や住宅の供与など、現金等の通貨ではなく現物で支給されるものであっても、報酬に該当します。

社会保険料の計算のしかた

　毎月支払われる報酬を基本として算定される社会保険料は、「**標準報酬月額**」をもとに算定されます。

> **報酬を基本とする社会保険料 ＝ 標準報酬月額 × 保険料率**

　「標準報酬月額」は、まず「報酬月額」を算定し、それを「標準報酬月額等級表」にあてはめて決定します（次ページの表を参照）。

　標準報酬月額は、健康保険（介護保険を含む）の場合は、1級（58,000円）から50級（1,390,000円）までの50等級、厚生年金保険の場合は、1級（88,000円）から32級（650,000円）までの32等級あります。

　なお、40歳以上65歳未満である介護保険第2号被保険者（☞86ページ）については、健康保険料とともに介護保険料もあわせて徴収されること

◎標準報酬月額等級表はこうなっている◎

等　級		標 準 報 酬 月 額 （円）	報 酬 月 額 以上（円）　～　未満（円）	
健康保険	厚生年金			
1	（1）	58,000	0	～　　　63,000
2	（1）	68,000	63,000	～　　　73,000
3	（1）	78,000	73,000	～　　　83,000
4	1	88,000	83,000	～　　　93,000
5	2	98,000	93,000	～　　101,000
6	3	104,000	101,000	～　　107,000
7	4	110,000	107,000	～　　114,000
8	5	118,000	114,000	～　　122,000
34	31	620,000	605,000	～　　635,000
35	32	650,000	635,000	～　　665,000
36	（32）	680,000	665,000	～　　695,000
37	（32）	710,000	695,000	～　　730,000
46	（32）	1,150,000	1,115,000	～　1,175,000
47	（32）	1,210,000	1,175,000	～　1,235,000
48	（32）	1,270,000	1,235,000	～　1,295,000
49	（32）	1,330,000	1,295,000	～　1,355,000
50	（32）	1,390,000	1,355,000	～

※厚生年金については、2020年9月保険料より標準報酬月額上限が31等級から32等級に引き上げられ
　ています。

になっています。

　一方、保険料率は保険者ごとに違っており、全国健康保険協会（協会
けんぽ）の場合はさらに各都道府県の支部単位で保険料率が設定されて
います。厚生年金保険料率は全国一律で、2017年まで毎年引き上げられ
てきましたが、それ以後は固定となっています。

　全国健康保険協会や日本年金機構のホームページなどでは「保険料額
表」といって、上記表の標準報酬月額にもとづいた保険料の額が、会社
負担分、被保険者負担分とも見られるようになっており、通常の給与計
算実務では、この表から保険料を導き出しています。

QRコード　厚生年金保険料について

社会保険料は毎月変わるわけではない!?

標準報酬月額が変わらなければ保険料も変わらない

　社会保険料の算定基礎となる標準報酬月額を決定するしくみには、以下の4つがあります。この4つの決定・改定がされないときは標準報酬月額も変わらないので、仮に残業代などで毎月の報酬額に差があっても、徴収される保険料は変わらないことになっています。

①資格取得時決定

　就職などにより、健康保険・厚生年金保険に加入したときは、採用の際の雇用契約書や労働条件通知書をもとに報酬月額を算定して標準報酬月額を決定します。なお、残業が見込まれるときはその見込み額も報酬に含めて算定することになっています。

②定時決定

　毎年7月1日に、健康保険・厚生年金保険に加入している人を対象に、保険料の再計算を行ないます。具体的には、4月・5月・6月の3か月間の報酬を平均して算定した報酬月額をもとに標準報酬月額を決定します。

　かつては賃金の上昇にともなって標準報酬月額もどんどん高くなるのが一般的でしたが、現在は前年と同じであったり、残業の減少で下がるケースもあります。

　なお、病気欠勤等で4月〜6月の3か月とも報酬を受けなかったことにより報酬月額の算定が困難である場合や、ストライキによる賃金カットなど著しく不当であると認められる場合は、保険者等が別途算定することになっています。

③随時改定

　昇給や降給により、基本給・諸手当などの固定的賃金に変動があり、報酬の支払基礎となった日数（報酬支払基礎日数☞34ページ）が原則17日以上の月が3か月連続であったときには保険料を変更する必要があり、これを「随時改定」といいます。固定的賃金が変動した月から3か月間

◎定時決定と随時改定のしくみ◎

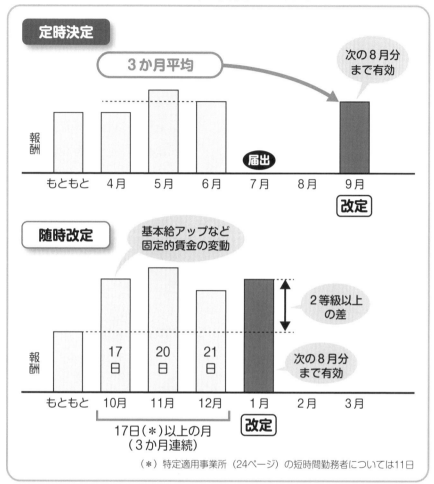

（＊）特定適用事業所（24ページ）の短時間勤務者については11日

の報酬を平均した報酬月額をもとに算定した標準報酬月額が2等級以上変動した場合には、「月額変更届」を提出し、保険料を変更します。保険料の変更は、変動があった月から4か月目以降です。

④育児休業等終了時改定・産前産後休業終了時改定

育児休業を終了した被保険者が、育児休業を終了した日において3歳未満の子を養育する場合で、被保険者が申し出をしたときは、標準報酬月額を改定しなければなりません（☞34ページ）。また、産前産後休業にも2014年4月より同様の制度が導入されています。

賞与支給の際にも社会保険料を徴収される

月給とは別の算定方式で保険料を計算する

年3回まで支給される賞与は、月々の報酬をもとに算定される健康保険料（必要な場合は＋介護保険料）、厚生年金保険料とは別に、保険料を支払う必要があります。保険料は、「標準賞与額」というものに各種保険の保険料率をかけて算定されます。

$$賞与を基本とする社会保険料 ＝ 標準賞与額 × 保険料率$$

「**賞与**」とは、賞与、期末手当、決算手当その他いかなる名称であるかを問わず、労働者が労働の対償として受けるもので、3か月を超える期間ごとに受けるもの（年3回以内で支給されるもの）をいいます。

標準賞与額は、被保険者が受けた実際の賞与額にもとづき、1,000円未満の端数が生じたときは、これを切り捨てた額をいいます。

ただし、健康保険の場合は、標準賞与額の上限が年間（4月1日〜3月31日）で573万円とされており、その年度における標準賞与額の累計額が年間573万円を超えた場合は、その年度において、その月の翌月以降に受ける賞与の標準賞与額は0円として計算することになっています。

一方、厚生年金保険の標準賞与額には、1か月あたり150万円という上限額があり、1か月の標準賞与額が150万円を超える場合は、これを150万円として計算するものとされています。

なお、2003年（平成15年）4月に「総報酬制」が導入され、2003年4月1日以後の期間については、賞与についても通常の給与の際の保険料率で保険料を算定することになりましたが、標準賞与額については厚生年金保険の年金額に反映される形となっています。

健康保険と厚生年金では保険料の計算方法が違います。

◎賞与からの社会保険料を計算するときのルール◎

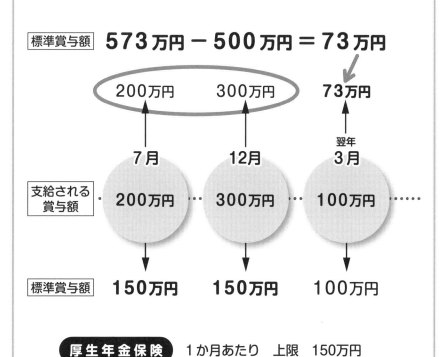

実際の賞与額

1,234,567 円

切り捨て

標準賞与額

1,234,000 円

健康保険　年間　上限　573万円

標準賞与額 **573万円 － 500万円 ＝ 73万円**

200万円　　300万円　　　73万円

7月　　　　12月　　　翌年 3月

支給される 賞与額　200万円 … 300万円 … 100万円 ……

標準賞与額 **150万円**　**150万円**　100万円

厚生年金保険　1か月あたり　上限　150万円

社会保険の加入期間と保険料徴収の関係

社会保険料は日割り計算はなく、1か月単位で計算する

　社会保険では、被保険者となったことを「**資格を取得**」した、被保険者でなくなったことを「**資格を喪失**」したといいます。

　健康保険・厚生年金保険とも、雇い入れた日から退職した日の翌日（退職と同時に転職先等で被保険者資格を取得した場合には、退職した日）までが被保険者として加入した期間です。試用期間などは関係なく、雇い入れた日から社会保険に加入する必要があります。

　そして、保険料の徴収は、被保険者の資格を取得した月から被保険者の**資格を喪失した月の前月**までとなり、4月に入社した場合には、1日に入社しても30日に入社しても、4月の1か月分の保険料が徴収されます。4月中に入社して、退職もする「同月得喪」の場合、従来は例外として、1か月分（4月分）の保険料を徴収するものとされていました。

　しかし、2015年（平成27年）10月1日以降は取扱いが変わり、厚生年金保険料の納付（控除）は不要となりました。これにより、従来、厚生年金保険料と国民年金保険料、両方の納付が必要だった4月分の保険料は、国民年金保険料のみ納めればよいことになりました。

　一方、退職の場合は、被保険者資格を喪失した月の前月分までが保険料徴収の対象であるため、次ページ図のような取扱いになります。

　また、保険料は**労使折半**（ろうしせっぱん）となっており、従業員負担分の保険料は給与から天引きして、事業主負担分とあわせて事業主が納付するしくみです。

　法律上は、前月分の保険料を当月の給与から控除することになっているので、たとえば4月分の保険料は、5月に支給される給与から控除されます。ただし4月末に退職した場合には、4月分の保険料がかかるので、4月に支給される給与から3月分と4月分、2か月分の保険料を徴収してもよいことになっています。40歳以上65歳未満の介護保険第2号被保険者（☞86ページ）は、健康保険料とあわせて介護保険料も徴収されます。

◎入社・退職と社会保険料の徴収◎

入社の場合の社会保険料（4月分）の徴収の要否

・4月1日入社（○）　・4月30日入社（○）

・4月1日入社4月29日退職（△）

・健康保険料、介護保険料 ━━▶ 控除が必要
・厚生年金保険料 ━━▶ 控除不要

退職の場合の社会保険料（4月分）の徴収の要否

①退職日が4月1日から29日までの場合

　━━▶ 資格喪失日は翌日（4月2日〜30日）

　　　資格を喪失した月は4月 ◀━ 4月分の保険料は不要

3月分まで保険料を支払う必要あり

②退職日が4月30日（月の末日）の場合

　━━▶ 資格喪失日は5月1日

　　　資格を喪失した月は5月 ◀━ 4月分の保険料徴収が必要

（保険料の控除）【原則】法律上は前月分の保険料を控除

　　　しかし、②の場合

　　　　　4月分の保険料を5月に支払う給与から控除する…

　　しかし、5月の給与はなかったり、あっても額が少なくて控除できないことも

【例外】月末退職の場合…前月分と当月分の保険料を控除してもOK

知っトク！ 退職した月に支払われた賞与の取扱い

　賞与についても、月々の社会保険料と同じルールで控除するか否かが決まります。つまり、資格を喪失した月に賞与を支払った場合は、その賞与から保険料を控除する必要はありません。ただし、月末に退職した場合は、その月に支払った賞与から保険料を控除する必要があります。

育児休業をとったときに必要な手続きは？

会社も社員も社会保険料の免除が受けられる

育児休業期間中は、健康保険・厚生年金保険とも申し出をすれば、事業主・従業員とも、社会保険料が免除となります。子が３歳になるまでの育児休業および育児休業に準ずる休業が対象で、免除が適用になる期間は、育児休業等を開始した日の属する月から、育児休業が終了する日の翌日が属する月の前月までです。

なお、2012年（平成24年）８月に「社会保障と税の一体改革」の一環として法律が改正され、2014年（平成26年）４月から、産前産後休業期間中の保険料についても免除となりました。

育児休業が終了したときは標準報酬月額の改定が必要になるかも

育児休業等の終了日に３歳未満の子を養育している被保険者が、職場復帰して月々の報酬が変わった場合には、随時改定（☞28ページ）に該当しなくても、標準報酬月額に１等級以上の変動があれば、標準報酬月額が改定されます。これが「**育児休業等終了時改定**」です。

届出により、育児休業等の終了日の翌日の属する月以後３か月間の報酬月額の平均によって、標準報酬月額が改定されます。標準報酬月額が下がれば社会保険料も下がります。

◎随時改定と育児休業等終了時改定の比較◎

	随 時 改 定	育児休業等終了時改定
２等級以上の変動	○	✕ １等級の変動で該当
報酬支払基礎日数	17日（＊）以上の月が３か月連続でなければ対象外	17日（＊）以上の月のみ算定対象とする

（※）「**報酬支払基礎日数**」とは、月々の報酬の支払いの基礎となっている日数のこと。通常、月給制の場合は暦日（４月の場合は30日）で、日給制・時給制などの場合は、労働日でカウントすることになっています。

（＊）特定適用事業所の短時間勤務者については、「17日」は「11日」となります。

◎「育児休業等終了時改定」のしくみ◎

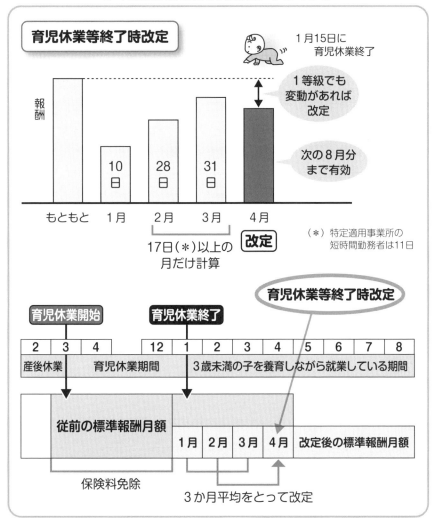

育児休業等終了時改定

1月15日に
育児休業終了

1等級でも
変動があれば
改定

次の8月分
まで有効

報酬

もともと　1月　2月　3月　4月

17日（＊）以上の
月だけ計算

改定

（＊）特定適用事業所の
短時間勤務者は11日

育児休業等終了時改定

育児休業開始　　育児休業終了

2	3	4		12	1	2	3	4	5	6	7	8
産後休業	育児休業期間				3歳未満の子を養育しながら就業している期間							

従前の標準報酬月額

1月	2月	3月	4月	改定後の標準報酬月額

保険料免除

3か月平均をとって改定

知っトク！

育児休業期間中の社会保険料免除

　休業等の開始日の属する月から終了日の翌日が属する月の前月までの保険料は免除されます。開始日の属する月と終了日の属する月が同一の場合には制限がありましたが、2022年（令和4年）10月の改正で、月に14日以上、育児休業等を取得した場合には免除されます。

妊娠・出産費用には健康保険はきかない？

ただし、一時金の給付がある

　婦人科の待合室で待っていると、若いカップルと受付の人との会話が聞こえてきました。妊娠しているかどうかの検査に来たようです。受付の人がひとしきり説明をした後、こういいました。

　「妊娠しているとわかった場合には、自費診療となります。健康保険は使えませんけど、お金はちゃんと持ってきていますか？」

　「えっ?!」と驚くカップル。

　そうです。妊娠・出産は、病気でもケガでもないので、健康保険（医療保険）は使えないのです。

　そのかわりに、健康保険（または国民健康保険）から、出産費用として、「**（家族）出産育児一時金**」が支払われます。昔は、最初に出産費用全額を病院に支払い、後から手続きをして、お金で返してもらうのが基本的なしくみでした。しかし現在は、実際の費用と一時金との差額の支払いだけですんだり、出産前に貸付を受けられるサービスもあります（☞64ページ）。

　そのほか、公的医療保険からではありませんが、各市区町村から妊婦健診券などの助成があります（助成される回数は、住んでいる市区町村によって違います）。

妊娠にかかわる病気の場合は健康保険等の適用対象

　これに対して、切迫早産など妊娠にかかわる病気の場合には、保険証を出せば、健康保険等の「**療養の給付**」「**家族療養費**」の対象となり、安い費用で治療を受けることができます。

　また、入院して、高額な治療費がかかった場合は、「**高額療養費**」などお金が戻ってくる制度があります。

　そのほか、療養が必要で働けない場合は、健康保険に加入している被保険者は、一定の要件を満たせば、生活費の保障として「**傷病手当金**」（産前産後休業期間中の場合は「**出産手当金**」）が支給されます。

◎出産にまつわる健康保険からの給付◎

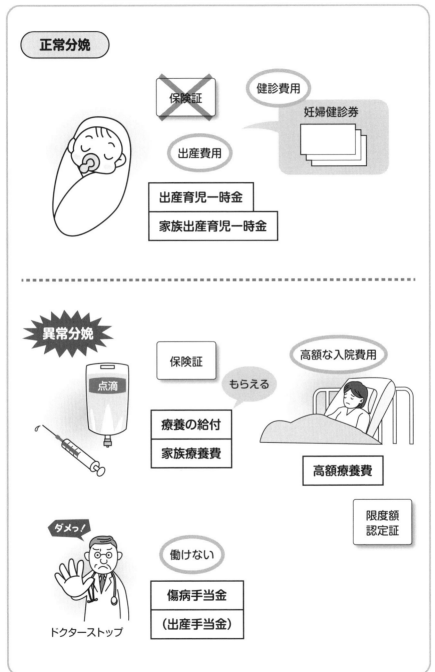

正常分娩

保険証

健診費用

妊婦健診券

出産費用

出産育児一時金

家族出産育児一時金

異常分娩

点滴

保険証

もらえる

高額な入院費用

療養の給付

家族療養費

高額療養費

限度額
認定証

ダメっ！

働けない

傷病手当金

（出産手当金）

ドクターストップ

13 産前産後休業・育児休業中の給付

出産・育児期間中の生活を支える支援制度

産前産後休業・育児休業期間中は給付や保険料免除がある

女性労働者は、産前42日間（双子以上の場合は98日間）、産後56日間の**産前産後休業**が保障されています。しかし、働いていないので、会社はこの従業員に給料を支払う義務はありません。ただし、生活費を保障してもらえなかったら安心して休むことができないので、健康保険の被保険者であれば、産前産後休業期間中には「**出産手当金**」が支給されます。

また、育児介護休業法で、子どもが原則満1歳（最大満2歳）になるまでは**育児休業**が保障されており、雇用保険から「**育児休業給付金**」がもらえます。女性従業員の場合は、産後57日目から満1歳（認可保育所に入れないなど特別な事情がある場合は満2歳）までもらえます。育児休業給付金は2か月に一度、申請して受給します。

男性従業員の場合、子の出生後8週間以内の期間内4週間（28日）以内に「**産後パパ育休**」（出生時育児休業）を取得したときは、最大28日分の「**出生時育児休業給付金**」が支給されます（2022年（令和4年）10月より施行）。2回に分割して取得することも可能です。短期間でも育児のための休業を柔軟に取れるようにすることが狙いです。

休業期間中は、届出をすることで、健康保険料・介護保険料・厚生年金保険料が免除されます。

厚生年金保険には養育期間特例の制度がある

「**育児短時間勤務**」制度の利用などにより、子どもが生まれたときより給与が下がった場合には、「**産前産後休業終了時改定**」「**育児休業等終了時改定**」によって標準報酬月額を改定して保険料を下げるしくみがあります。

また、保険料が下がると将来の厚生年金の年金額が減ってしまいますが、年金額を保障する「**養育期間特例**」などの制度があり、一定の条件に該当すれば、3歳まではこの特例制度の利用が可能です。

◎出産・育児に関する父親・母親の社会保険関係◎

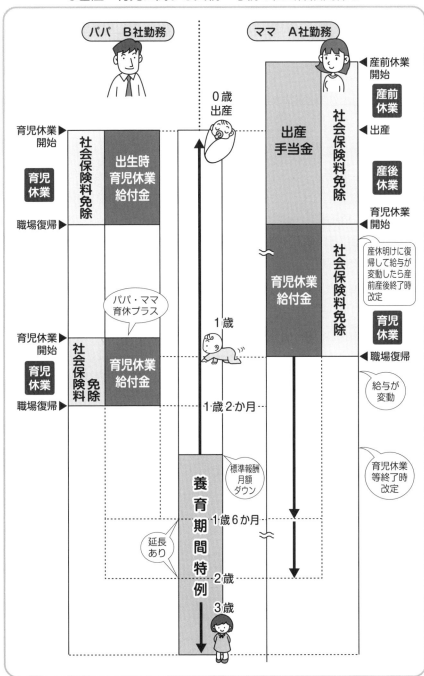

14 退職後の保険選択と給付制度

会社を辞めて再就職先が決まっていないときは

健康保険と厚生年金保険の退職後の選択肢

　民間企業に10年勤務して退職し、次の就職先が決まっていないＡさん（35歳）について、退職後の社会保険制度のしくみをみてみましょう。

　まず、在職中に加入していた健康保険については、①国民健康保険に加入する、②加入していた健康保険の任意継続被保険者となる、のいずれかを選択することになります。扶養してくれる家族がいる場合には、③健康保険の被扶養者になることもできます（☞72ページ）。

　在職中に加入していた厚生年金保険については、会社を退職したと同時に厚生年金には加入できなくなり、退職後は、❶国民年金の第１号被保険者となります（☞122ページ）。また、扶養してくれる配偶者で民間企業のサラリーマンか公務員である国民年金第２号被保険者がいれば、❷国民年金第３号被保険者になることもできます。

　なお、退職して国民年金の保険料を支払うのが大変な場合は、一定の要件を満たせば、免除制度を利用することが可能です（☞128ページ）。

退職後の雇用保険からの給付制度

　退職後に、次の仕事を探す場合には、失業している期間の生活保障として、雇用保険から「**基本手当**」を受給することができます（☞188ページ）。基本手当は、28日ごとに１回、ハローワーク（公共職業安定所）で手続きして受給します。

　基本手当のもらえる日数は、加入していた被保険者期間と離職理由で決まってきます（☞192ページ）。ただし、自己都合で退職した場合は通常、２〜３か月間の給付制限があるため、すぐにはもらえません。

　なお、基本手当をもらっている間に、再就職が決まり、一定以上の支給残日数がある場合は、「再就職手当」「就業手当」「常用就職支度手当」などが支給されます（☞193ページ）。

◎退職後の社会保険制度のしくみ◎

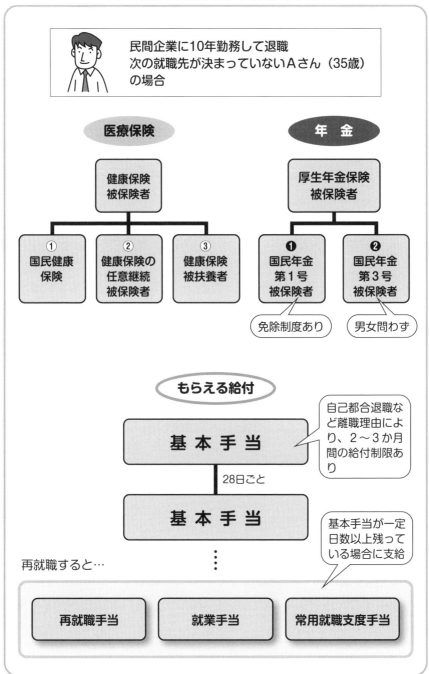

民間企業に10年勤務して退職
次の就職先が決まっていないＡさん（35歳）
の場合

医療保険

健康保険
被保険者

① 国民健康保険

② 健康保険の任意継続被保険者

③ 健康保険被扶養者

年　金

厚生年金保険
被保険者

❶ 国民年金第1号被保険者

❷ 国民年金第3号被保険者

免除制度あり

男女問わず

もらえる給付

基 本 手 当

自己都合退職など離職理由により、2～3か月間の給付制限あり

28日ごと

基 本 手 当

再就職すると…

再就職手当

就業手当

常用就職支度手当

基本手当が一定日数以上残っている場合に支給

定年後に年金はもらえるの？

定年後、60歳から年金をもらえない時代に突入

　厚生年金保険に1年以上加入していた人は、60歳台前半に「**特別支給の老齢厚生年金**」がもらえます。実際にもらえるようになる時期と給付の種類は、生年月日によって異なり、2013年（平成25年）4月1日以降に60歳になる男子など、60歳から年金がもらえない時代に突入しました（☞136ページ）。

　また、定年退職して一定の要件を満たした場合には、雇用保険から「**基本手当**」がもらえます。ただし、特別支給の老齢厚生年金が受給できる場合は、どちらかを選択して受給することになります。

　60歳以降も仕事を続ける場合、雇用保険に5年以上加入し、60歳時点の給与より一定割合下がったときは、その給与の補てんとして最高5年間、「**高年齢雇用継続給付**」がもらえます（☞194ページ）。

　60歳以降も厚生年金保険に加入して働く場合は、月収と年金月額の合計が一定金額を上回ると、「**在職老齢年金**」として、その一部または全部が支給停止になります。

65歳以降にもらえる年金のしくみ

　65歳になると、国民年金から「**老齢基礎年金**」が支給されると同時に、「**本来支給の老齢厚生年金**」（以下、「老齢厚生年金」）がもらえます。

　65歳以降も厚生年金保険に加入する場合には、「**在職老齢年金**」となって年金額が調整されることがあります。老齢厚生年金のみが調整の対象となり、60歳台前半の支給調整と比べるとゆるやかなものとなっています。

　厚生年金保険の加入は70歳までですが、年齢以外の条件が厚生年金保険の加入要件を満たす場合は、70歳以降もそれ以前と同じ条件で老齢厚生年金の調整が続きます。

◎60歳以降の社会保険の加入と年金給付のしくみ◎

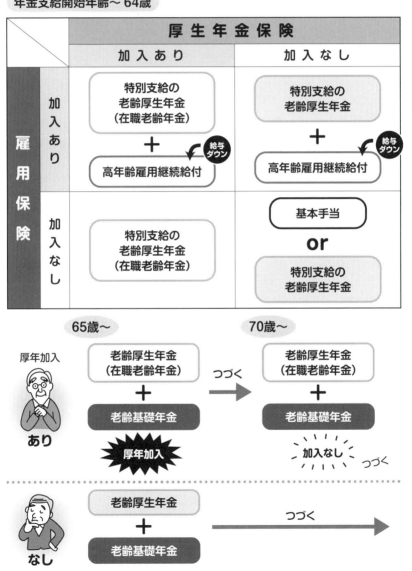

60歳～年金支給開始年齢

【雇用保険加入あり】　高年齢雇用継続給付　給与ダウン

【退　職】　基本手当

年金支給開始年齢～64歳

		厚 生 年 金 保 険	
		加 入 あ り	加 入 な し
雇用保険	加入あり	特別支給の老齢厚生年金（在職老齢年金）＋高年齢雇用継続給付　給与ダウン	特別支給の老齢厚生年金＋高年齢雇用継続給付　給与ダウン
	加入なし	特別支給の老齢厚生年金（在職老齢年金）	基本手当 or 特別支給の老齢厚生年金

65歳～　**70歳～**

厚年加入　あり

老齢厚生年金（在職老齢年金）＋老齢基礎年金　厚年加入　つづく　老齢厚生年金（在職老齢年金）＋老齢基礎年金　加入なし　つづく

なし

老齢厚生年金＋老齢基礎年金　つづく

専業主婦の医療保険、年金はどうなる？

収入のない主婦は被扶養者であれば保険料の負担はゼロ

　会社員や公務員の家族（配偶者や子、親など）は、一定の条件を満たせば、健康保険の被扶養者として社会保険の適用を受けることができます。会社員Ａさんの妻で、専業主婦であるＢさんを例にとってみてみましょう。

　会社員の妻で収入のないＢさんは、健康保険の被保険者である夫Ａさんの**被扶養者**として、健康保険を利用することができます。

　また、厚生年金保険の被保険者でもある夫Ａさんの被扶養配偶者であれば、**国民年金の第3号被保険者**となることができます。

　健康保険の被扶養者も国民年金第3号被保険者も、保険料は1円もかかりません。また、夫であるＡさんについても、Ｂさんなどの健康保険の被扶養者分および国民年金第3号被保険者分として保険料を余計に支払うことはなく、被扶養者がいる・いないに関係なく、給与が同じであれば負担する保険料は同じです。被扶養者や国民年金第3号被保険者にかかる費用は、各保険制度の被保険者が支払う保険料によってまかなわれています。

個人事業主の配偶者は、専業主婦であっても保険料の負担あり

　これに対して、国民健康保険に加入し、国民年金第1号被保険者である個人事業主Ｃさんの妻であるＤさんは、Ｂさんと同じ収入のない専業主婦ですが、夫Ｃさん同様、医療保険は国民健康保険に加入し、年金の取扱いは国民年金第1号被保険者になります。Ｄさんの場合は、被扶養者や第3号被保険者というしくみを利用することはできません。

　そして、専業主婦Ｄさんは国民年金第1号被保険者なので、Ｃさん同様、国民年金保険料を負担します。また、国民健康保険の場合は、住民税の計算をもとに、世帯の人数が増えれば、1人分の保険税（料）が加算されます。なお、国民健康保険税（保険料）の計算方法は、市区町村ごとに違っています。

◎同じ専業主婦でも取扱いは異なる◎

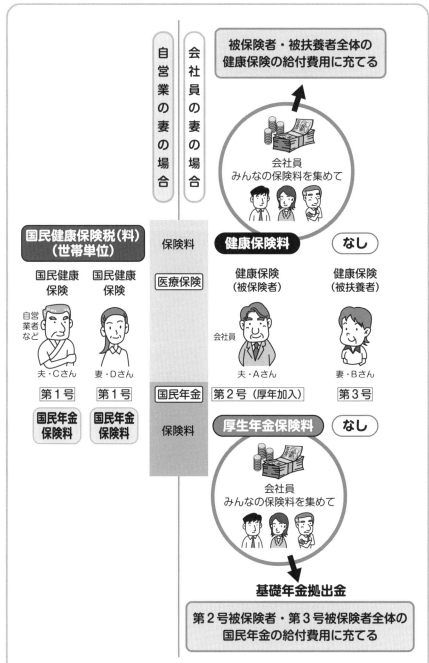

被保険者・被扶養者全体の
健康保険の給付費用に充てる

会社員
みんなの保険料を集めて

自営業の妻の場合

会社員の妻の場合

国民健康保険税（料）
（世帯単位）

保険料　健康保険料　なし

国民健康保険　国民健康保険

医療保険　健康保険（被保険者）　健康保険（被扶養者）

自営業者など

会社員

夫・Cさん　妻・Dさん　夫・Aさん　妻・Bさん

第1号　第1号　国民年金　第2号（厚年加入）　第3号

国民年金保険料　国民年金保険料　保険料　厚生年金保険料　なし

会社員
みんなの保険料を集めて

基礎年金拠出金

第2号被保険者・第3号被保険者全体の
国民年金の給付費用に充てる

パート・アルバイトの
社会保険加入要件の改正

　2022年10月以降の法律改正により、パート・アルバイトの社会保険の加入条件が変わりました。従業員数50人超の会社が対象となり、いわゆる4分の3基準を満たさない労働者も、社会保険の加入対象となる場合があります。社会保険料は、会社・従業員ともに負担しますが、社会保険に加入することによるメリットもあります。早めに情報を整理し、準備をすすめていきましょう。

対象となる企業

現 在	2024年10月〜
101人以上の企業	**51人以上**の企業

上記人数は A ＋ B の合計「現在の厚生年金保険の適用対象者」

A		B
フルタイムの 従業員数	＋	週労働時間がフルタイムの 3/4以上の従業員数 ※従業員には、パート・アルバイトを含む。

【新たな加入者】次のすべてにチェックが入る人が対象です。
☐ 週の所定労働時間が20時間以上　☐ 月額賃金が8.8万円以上
☐ 2か月を超える雇用の見込みがある　☐ 学生ではない

【お役立ち情報】
　厚生労働省のサイトでは、企業向けの「社会保険料のシミュレーター」、パート・アルバイトの人向けの「年金額・保険料シミュレーション」、扶養家族向けの「年金額保険料のシミュレーション」や、社会保険に加入することのメリットなどを確認することができます。

PART 2

公的医療保険＝健康保険の しくみはこうなっている

健康保険からの給付は
知っておくと、
イザというときに役立ちます。

どの医療保険に加入できるのか

会社勤めの人が入る保険が健康保険

　医療保険は、おもに病気、ケガ、出産、死亡の際に給付を行なう保険で、職業や住んでいる場所によって、加入する医療保険の種類が決まり、**必ずいずれかの保険に加入する**こととされています。

　医療保険には、民間企業に勤務する会社員などが加入する「**健康保険**」と公務員や私立学校の教職員などが加入する「**共済組合**」、船員が加入する「**船員保険**」、その他の自営業者や無職の人などが加入する「**国民健康保険**」があります。

　民間企業に勤務する人たちが加入する「健康保険」には、おもに大企業の従業員が加入する「健康保険組合」が運営する「**組合管掌健康保険**」と、その他中小企業を中心とした従業員が加入する「全国健康保険協会」が運営する「**協会管掌健康保険**」（協会けんぽ）の２つがあります。

　また、日本国内に住む75歳以上の人は、すべて「**後期高齢者医療制度**」の対象となります。その他65歳以上で、寝たきり等一定の障害状態にあると認定された人についても、「後期高齢者医療制度」の対象となります。

後期高齢者医療制度とは

　かつては、75歳以上（2002年10月までは70歳以上）の高齢者は、国民健康保険や被用者保険に加入したうえで、老人保健法にもとづく医療給付を受けていました。

　しかし、公費負担を除く老人医療にかかるお金は、拠出金というかたちで高齢者および若年者の保険料が充てられるため、高齢者自身が医療費をどの程度負担しているのかがわかりづらいしくみでした。

　また、医療の給付主体は市区町村であるのに対し、実際の費用負担を行なうのは健康保険組合・協会けんぽなどの保険者と分かれているため、財政運営の責任が明確でない、同じ75歳以上で給付は同じなのに、保険料のしくみが違っていて不公平、などの問題が指摘されていました。

◎公的な医療保険制度はこうなっている◎

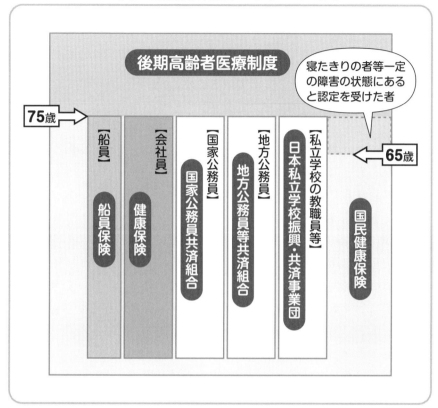

後期高齢者医療制度

寝たきりの者等一定の障害の状態にあると認定を受けた者

75歳

65歳

【船員】船員保険

【会社員】健康保険

【国家公務員】国家公務員共済組合

【地方公務員】地方公務員等共済組合

【私立学校の教職員等】日本私立学校振興・共済事業団

【国民健康保険】国民健康保険

　そこで、2006年（平成18年）6月に老人保健法が改正され、2008年4月から新たに「後期高齢者医療制度」が創設されました。

　後期高齢者医療制度は、都道府県の区域ごとに「**後期高齢者医療広域連合**」という組織が運営し、都道府県や市区町村と連携し、当面、高齢者医療を担うこととなっています。

扶養されている人の健康保険はどうなるの？

誰でもが「被扶養者」になれるわけではない

収入が少ないなど、健康保険の被保険者の扶養家族として保険者から認定を受けた人を「**被扶養者**」といい、保険料の負担がなく、健康保険に関するサービスを受けることができます。被扶養者となるかどうかは、次の基準をもとに判定されます。

①**国内に居住しているかどうか**（2019年4月に追加。例外あり）

②**加入できる親族の範囲内か**

被保険者からみて3親等以内の親族であることが必要です（下図参照）。

③**同一の世帯に属しているかどうか**

直系尊属、配偶者、子、孫、兄弟姉妹以外の親族は、同一の世帯に属していることが条件となります。2016年（平成28年）10月から兄姉についても、同一世帯でなくても次の④の要件を満たせば、被扶養者として認定されることになりました。

④**生計が維持され、収入は基準内か（生計維持要件）**

生計を維持されているか否かは、収入基準で判断されます。

◎被扶養者となる親族の範囲◎

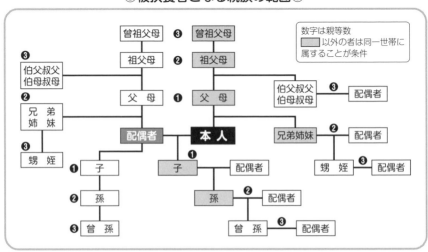

【同一世帯に属している場合】

　次の条件のいずれかを満たす場合に、生計維持要件を満たすとされています。

● 年収が**130万円未満**（60歳以上または障害者は**180万円未満**）であり、被保険者の年収の**2分の1未満**であること

● 被保険者の年収の**2分の1以上**であっても、被保険者がその世帯の生計維持の中心的役割を果たしていると判断されること

【同一世帯に属していない場合】

　年収が**130万円未満**であり、かつ被保険者からの援助より収入額が少ない場合は、原則として被扶養者に該当するとされています。

　なお、被扶養者の認定基準は、保険者によって若干異なる場合があります。詳細は被保険者が加入する全国健康保険協会都道府県支部または健康保険組合にお問い合わせください。

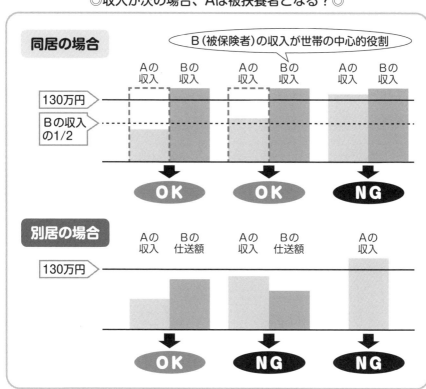

◎収入が次の場合、Aは被扶養者となる？◎

医療サービスにはどんなものがあるのか

業務外の原因によるときは療養の給付が受けられる

健康保険は、おもに**業務外**の病気・ケガ、出産、死亡に関する給付を行ないます。被保険者が、医療機関に被保険者証を出すと、安い費用で病気やケガの治療を受けることができます。これを「**療養の給付**」といいます。療養の給付は、**現物給付**です。「**現物給付**」とは、お金ではなく、診察などの医療サービスを直接受けることをいいます。

なお、療養の給付には一部負担金があり、一部負担金を窓口で支払って、医療サービスを受けることとなります。

また、医療サービスには、**保険が適用されるもの**と**適用されないもの**があります。保険が適用されない診療の場合は、全額自己負担になります。ただし、厚生労働省が定める一部の療養については、保険診療と併用して使えることになっており、「**保険外併用療養費**」といいます。

そのほか、入院のときの食事代等をまかなう「**入院時食事療養費**」「**入院時生活療養費**」、訪問看護サービスを受けられる「**訪問看護療養費**」（被扶養者の場合は「**家族訪問看護療養費**」）などがあります。

健康保険からの給付はまだまだある

ギプスなどの費用や高額な治療費がかかった場合に、立替払いしたときは、その一部を払い戻してくれる現金給付として「**療養費**」や「**高額療養費**」、緊急時に移送された場合に支給される「**移送費**」などもあります。

さらに、出産したときには「**出産育児一時金**」（被扶養者の場合は「**家族出産育児一時金**」）、死亡したときには「**埋葬料**」「**埋葬費**」（被扶養者の場合は「**家族埋葬料**」）が支給されます。

また、業務外の病気やケガのために療養して仕事ができない場合に支給される「**傷病手当金**」、産前産後休業期間中に仕事を休んだ場合に支給される「**出産手当金**」など、生活費の保障として支給される給付もあります。

◎健康保険からの給付はこんなにある◎

区　　分		給付の種類	
		被保険者	被扶養者
病気やケガ	治療を受けるとき	療養の給付	家族療養費
		入院時食事療養費	
		入院時生活療養費	
		保険外併用療養費	
		訪問看護療養費	家族訪問看護療養費
	立替払いをしたとき	療養費	家族療養費
		高額療養費	
		高額介護合算療養費	
	緊急時などに移送されたとき	移送費	家族移送費
	私傷病の療養のため休んだとき	傷病手当金	
出産	出産費用	出産育児一時金	家族出産育児一時金
	産前産後休業期間に休んだとき	出産手当金	
死亡	死亡したとき（葬式費用等）	埋葬料・埋葬費	家族埋葬料

知っトク！　　家族療養費

　被保険者が病気・ケガをしたときに支給される「療養の給付」「入院時食事療養費」「入院時生活療養費」「保険外併用療養費」「療養費」にあたる給付は、被扶養者を対象とする場合はすべて「家族療養費」として支給されます。

医者にかかったときの窓口負担額は

年齢によって一部負担金は変わる

「療養の給付」は、次のような場合に支給されます。

①診察
②薬剤または治療材料の支給
③処置、手術その他の治療
④在宅で療養するうえでの管理およびその療養にともなう世話その他の看護
⑤病院または診療所への入院およびその療養にともなう世話その他の看護

他の給付の対象となる、次の療養にかかる給付は、「療養の給付」から除きます。
①食事療養（→入院時食事療養費）
②生活療養（→入院時生活療養費）
③評価療養（→保険外併用療養費）
④患者申出療養（→保険外併用療養費）

　具体的には、医療機関で、療養の給付（**家族療養費**）を受ける場合、被保険者証を出して治療費の一部を支払います。これを「**一部負担金**」といいます。療養の給付は、被保険者が病気やケガをしたときに、療養に要した費用の７割（小学校入学後〜70歳未満の場合）を現物給付として支給する制度です。そして、現物給付された**残りの３割**の費用を、一部負担金として被保険者が支払うこととなります。

　被扶養者が病気やケガをした場合には、「家族療養費」が支給されます。療養の給付と同様、療養に要した費用の７割（小学校入学後〜70歳未満の場合）を現物給付として支給します。

　70歳未満の人の一部負担金の割合は、被保険者・被扶養者、入院・外

来を問わず、一律です。小学校入学前までの子どもについては、2割負担とされています。さらに、乳幼児医療制度など公的医療保険とは別に、市区町村等による医療費の助成が行なわれている場合があります。

　医療費の一部負担金（自己負担額）は、70〜74歳の人は2割負担、75歳以上の人は1割負担で、70歳以上の高所得者は3割負担となります。以上をまとめると、下表のようになります。

> 子どもについては、公的医療保険とは別に、乳幼児医療制度等により、市区町村から助成がある場合があります。

◎一部負担金（自己負担額）の割合◎

	年　　齢	負担割合	
健康保険など公的医療保険制度	0歳〜小学校入学前まで	2割	
	小学校入学後〜69歳まで	3割	
	70歳〜74歳	2割	高所得者3割 ★
後期高齢者医療制度	75歳〜	1割	

> 被保険者・被扶養者で一部負担金・自己負担額の割合に差はありません。

★70歳以上で、「高所得者」（3割負担）となる条件

①70歳以上の健康保険の被保険者およびその被保険者に扶養される70歳以上の被扶養者…原則として標準報酬月額が28万円かつ夫婦世帯で合計年収520万円（被扶養者がいない場合は383万円）以上の者

②70歳以上の国民健康保険の加入者および後期高齢者医療制度の対象者…原則として課税所得が145万円以上の者。ただし、高齢者1人で年収383万円未満、2人以上の場合で合計年収520万円未満である旨の申請をすれば1割または2割負担となる

21 入院時食事療養費などのしくみ

食事療養の負担額は1食あたりで計算する

入院時食事療養費と入院時生活療養費のしくみ

　入院時に食事療養を受けた場合には、食事療養にかかった費用について、「入院時食事療養費」が支給されます。入院時食事療養費の標準負担額は、1食あたりで計算され、所得・年齢・入院日数によって変わります。

| 厚生労働大臣の算定基準による食事療養費 | － | 標準負担額 | ＝ | 入院時食事療養費 |

　また、「医療型療養病床」に入院する65歳以上の人には、「介護型療養病床」との均衡を図るため、食事療養・生活療養にかかった費用について「入院時生活療養費」が支給されます。居住費は1日あたりの額として、所得・年齢・入院日数等に応じて、算定されます。

| 厚生労働大臣の算定基準による生活療養費 | － | 標準負担額 | ＝ | 入院時生活療養費 |

　入院時食事療養費および入院時生活療養費の一般所得者の標準負担額は、食費は1食あたりの額として、食材費相当額のほか2016年（平成28年）4月1日から段階的に「調理費相当額」の負担が追加されます。

知っトク！

訪問介護者の資格

　「訪問介護」とは、要介護状態の人が自宅で生活するために必要な身体介護や生活援助を、ホームヘルパーが自宅を訪問して提供する介護保険サービスです。身体介護には、食事や入浴、排泄などの介護が含まれます。生活援助には、洗濯や掃除、料理、買い物、薬の受取りなどが含まれます。

　なお、訪問介護員は、介護福祉士もしくは介護職員初任者研修課程修了、実務者研修修了者など、資格を保持している必要があります。

　なお、いずれも現物給付で、標準負担額を支払うと、食事・居住環境が提供されます。また、被扶養者には、「**家族療養費**」として同様の給付があります。

訪問看護療養費のしくみ

　自宅で療養している人が、かかりつけ医の指示にもとづいて、訪問看護ステーションの訪問看護師から療養上の世話や必要な診療の補助を受けた場合、その費用は「**訪問看護療養費**」として現物支給されます。

　なお、被扶養者には、「**家族訪問看護療養費**」として、同様の給付があります。

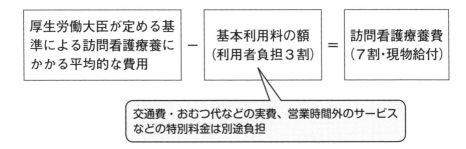

| 厚生労働大臣が定める基準による訪問看護療養にかかる平均的な費用 | － | 基本利用料の額（利用者負担３割） | ＝ | 訪問看護療養費（７割・現物給付） |

交通費・おむつ代などの実費、営業時間外のサービスなどの特別料金は別途負担

　「（家族）訪問看護療養費」の利用を希望する際には、かかりつけ医に相談のうえ、「訪問看護指示書」を出してもらい、訪問看護ステーションでは、かかりつけ医が交付した「訪問看護指示書」に従って必要なサービスを提供します。

◎訪問看護療養費の手続きの流れ◎

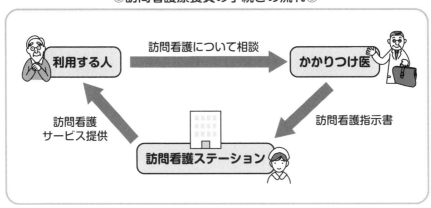

利用する人 → 訪問看護について相談 → かかりつけ医

かかりつけ医 → 訪問看護指示書 → 訪問看護ステーション

訪問看護ステーション → 訪問看護サービス提供 → 利用する人

海外などで治療費を立替払いしたときは

健康保険の適用対象分は後から給付される

　旅先で、自費で診療を受けた場合や、ケガをしてコルセットなどを自費で購入する場合、もしくは、急に病状が悪化して保険のきかない病院に運び込まれて治療を受けた場合に、やむを得ず全額自費で治療費を支払うことがあります。その場合、手続きをすれば、立替払いをしていたお金を返してもらえます。これを「**療養費**」（被扶養者は「**家族療養費**」）といいます。

　療養費の対象となる給付は、次の４つです。

- ●療養の給付
- ●入院時食事療養費
- ●入院時生活療養費
- ●保険外併用療養費

　療養費として支給されるのは、保険給付として現物給付されるべき金額です。つまり、健康保険がきく部分のみということになります。

　また、療養費は、海外の病院等でやむを得ず診察などを受けた場合でも、帰国後に申請をすれば、「**海外療養費**」として治療費の一部が戻ります。

　医療体制や医療サービスにかかる費用は、国によって大きな違いがあります。海外療養費は、日本の健康保険の基準で適用対象となる部分しか、給付対象とはなりません。

　たとえば、日本では救急車を呼んでも無料ですが、海外では有料の国も多数存在します。しかし、救急車を呼ぶために要した費用は、健康保険の対象外なので、全額自己負担となります。健康保険の対象となる標準額と実費との差が非常に大きくなることもあるので、注意が必要です。

◎療養費の対象となるものの例◎

①療養の給付等を行なうことが困難であると認められるとき

- 山奥のため近くに病院がないとき
- 旅行先で被保険者証をもっていないため、自費で診療を受けたとき
- 骨折・打撲・捻挫・脱臼などのときに、柔道整復師の施術を受けたとき（医師の診療中の場合は、医師の同意が必要）
- 生血を購入したとき
- コルセット、義眼・義手・義足を購入したとき

②健康保険が適用となる医療機関等以外で診察を受けたり、薬を出してもらった場合で、保険者がやむを得ないものと認めるとき

※②は、ケガをして担ぎ込まれた病院が、健康保険の適用外の病院だった場合などが想定されます。

◎海外療養費が支給される手続きと流れ◎

【例】海外旅行中に手術し、入院・手術代として日本円で100万円相当を支払った場合（日本で同様の治療を受けた場合、健康保険がきく部分の医療費は20万円である場合）

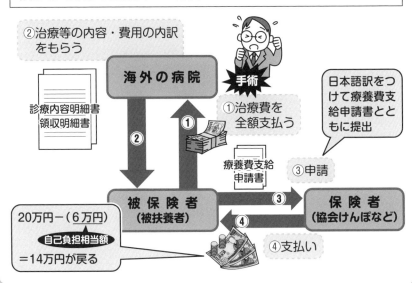

保険適用外の療養でも基礎部分の一部が戻る

評価療養と選定療養なら基礎部分は健康保険の対象となる

　健康保険の適用を受けない先進医療などを受けた場合、その先進医療の治療費は、全額自己負担となります。しかし、診察料、入院料などの基礎部分については、保険適用を受けることが可能です。これを「**保険外併用療養費**」（被扶養者は、「**家族療養費**」）といいます。

　治療を受ける場合、高度の医療技術を用いた療養（以下、「**評価療養**」）や特別の病室の提供等（以下、「**選定療養**」）を受けた場合に、治療費や入院料などの基礎部分が保険外併用療養費の対象となります。自己負担割合は、療養の給付の一部負担金の割合と同じです。

　たとえば、自分の希望で差額ベッドのある部屋など特別な療養環境に入院する場合、差額ベッドの費用は全額自己負担です。しかし、その差額ベッドが保険外併用療養費の支給対象となる選定療養の対象であれば、病院の情報提供を前提として基礎部分については、保険外併用療養費の対象となります。

紹介状なしで特定の大病院で受診すると…

　2016年（平成28年）4月1日から、一定の要件を満たす大病院（大学病院など特定機能病院等）を紹介状なしで初診を受けた場合は5,000円（歯科の場合は3,000円）以上、他の診療所等への紹介を受けたにもかかわらず、再度同じ大病院を受診する場合は2,500円（歯科の場合は1,500円）以上の特別料金を、診察料とは別に定額負担することとなっています。

創設された「患者申出療養」とは

　国内未承認の医薬品等を迅速に使用したいという患者のニーズに応えるため、2016年4月1日から「**患者申出療養**」が創設されました。患者から病院に申し出を行ない、病院による一定の申請・審査を経て、利用可能となっています。

◎「評価療養」となる例◎

- 厚生労働省が認定する大学病院等で、インプラント義歯等の先進医療を受けた場合
- 医薬品・医療機器の治験にかかる診療など

◎「選定療養」となる例◎

- 特別の療養環境（4人部屋以下等の条件を満たした差額ベッドなど）を提供してもらった場合
- 時間外の診察を希望した場合
- 予約診療制をとっている病院で予約診療を受けるとき
- 大病院で紹介なしに初診を受けた場合や再診を受ける場合
- 歯科の金合金・白金合金・金属床総義歯などの特別の材料を使用した場合
- 180日を超える入院の場合（入院療養の必要性が高い場合を除く）
- 制限回数を超える医療行為があった場合

◎保険外併用療養費が支給されるときの計算のしかた◎

【例】総医療費が100万円、うち先進医療にかかる費用が20万円だったケース

①先進医療にかかる費用20万円は、全額を患者が負担します。

②通常の治療と共通する部分（診察・検査・投薬・入院料）は、保険の給付対象部分が支給されます。

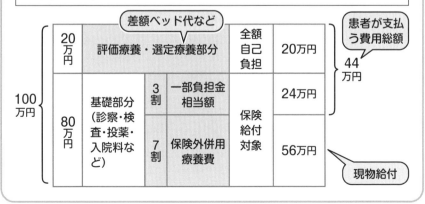

病気などで仕事ができなくても給付がある

休んだ日から連続３日間の待期期間が必要

　任意継続被保険者以外の被保険者が、病気やケガの療養のため、仕事ができなくなったときは、働けなくなった日から起算して３日を経過した日から、働けない期間について「**傷病手当金**」が支給されます。

　傷病手当金をもらうための条件は、次のとおりです。

①療養中であること
　病気やケガの療養のためであれば、健康保険でなく自費で診療を受けていても対象となります。
②仕事ができないこと
　いままでやっていた仕事ができない状態であることをいいます。なお、仕事はできるが、通院のため事実上仕事ができない場合なども、「仕事ができない状態」と認定されます。
③連続して４日以上、仕事を休むこと
　傷病手当金は、仕事を休んだ日から連続して３日間の**待期期間**が必要で、４日目からもらえます。つまり、連続して４日以上休んだ場合に、傷病手当金は支給されます。なお、待期期間中に給与の支払いがあっても、傷病手当金のもらえる条件は満たされます。

　傷病手当金は、同一の病気やケガに対して、支給を始めてから１年６か月間支給されます。もらえる金額は、2016年（平成28年）４月１日から改正され、１日あたりの金額は原則として次のとおりです。

傷病手当金の支給を始める日の属する月以前の直近の継続した12か月間の各月の標準報酬月額を平均した額の30分の１に相当する額の３分の２に相当する額

◎「傷病手当金」の支給要件◎

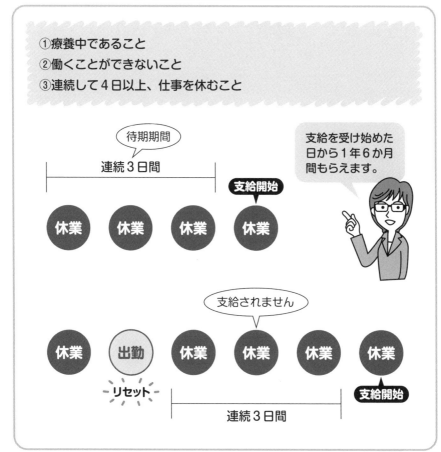

①療養中であること
②働くことができないこと
③連続して４日以上、仕事を休むこと

待期期間
連続３日間

支給を受け始めた日から１年６か月間もらえます。

休業　休業　休業　休業　**支給開始**

支給されません

休業　出勤　休業　休業　休業　休業
　　　リセット　　　　　　　　　　　**支給開始**
　　　　　　　連続３日間

知っトク！ 傷病手当金の継続給付

　次の要件を満たす場合には、退職後も引き続き、支給開始から通算１年６か月間、傷病手当金がもらえます。
①健康保険の被保険者資格を喪失した日の前日（退職日）の時点で引き続き１年以上（任意継続被保険者であった期間を除きます）被保険者であった期間があること
②資格喪失した際に傷病手当金をもらえる状況にあること

出産にかかる費用として一時金がもらえる

当座の負担は不要

出産にかかる費用として、被保険者が出産したときは、「**出産育児一時金**」、被扶養者が出産したときは、「**家族出産育児一時金**」が支給されます。一時金はいずれも、産科医療補償制度に加入している医療機関で出産する場合には、産科医療補償制度の保険料分が上乗せ支給されます。

以前は、出産にかかる費用を病院などに支払ったあとで、被保険者が申請すると各医療保険者から出産育児一時金などが「事後払い」されるしくみで、出産する子育て世代には大きな負担となっていました。

これを解消するため、2009年（平成21年）10月からは、病院などに出産育児一時金を支払う「**直接支払制度**」に変更され、出産する側は差額を支払えばよいことになりました。

ただし、直接、本人からお金を支払ってもらうより、病院にお金が入るまで2か月余計にかかるなど、小規模な病院では対応できないところもありました。

そこで2011年4月から、認可を受けた小規模な病院には「**受取代理制度**」で対応することとなりました。この場合、出産予定日の2か月以内になったら、保険者に忘れずに申請することが必要です。

また、従来どおり「**出産費貸付制度**」の利用も可能です。

知っトク！

出産費貸付制度（協会けんぽの例）

「（家族）出産育児一時金」が支給されるまでの間、無利子で（家族）出産育児一時金支給見込額の8割相当額（1万円単位）まで貸付を受けることができます。対象者は、次の①もしくは②に該当する人です。
①出産予定日まで1か月以内の人
②妊娠4か月（85日）以上の人で、病院等に一時的な支払いを要する人

◎「直接支払制度」と「受取代理制度」の違い◎

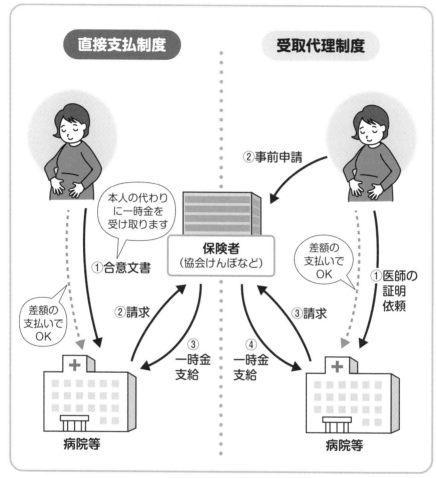

産科医療補償制度

　出生体重が2,000ｇ以上かつ在胎週数33週以上で出生した子どもに、身体障害者等級の１級または２級に相当する重度脳性麻痺が発生した場合で、補償の対象として認定されたときは、最大3,000万円まで補償されます。なお、補償を受けられるのは、産科医療補償制度に加入している医療機関等で出産した場合のみとなるので、出産前に確認しておきましょう。

産前産後休業期間は生活費が保障される

出産前後の一定の休業期間について支給される

　労働基準法によって、女性従業員には、**産前産後休業**が保障されています。この産前産後休業期間にもらえるのが「**出産手当金**」です。

　出産手当金は、出産日（出産日が出産予定日後であるときは、出産予定日）以前42日間（双子以上の場合は、98日間）から、出産日後56日間のうち、働かなかった期間について、任意継続被保険者以外の被保険者に支給されます。

　なお、出産日は産前に含まれるので、出産が遅れた場合も、その分のお金はもらえます。もらえる額は、傷病手当金の計算（出産手当金に読み替え）と同じとなっており、2016年（平成28年）4月1日から改正されました（☞62ページ）。

　傷病手当金との大きな違いは、傷病手当金は「労務不能」であることが支給される条件であるのに対し、出産手当金の場合は、「働かなかった」という事実があれば支給対象となることです。ちなみに、傷病手当金と出産手当金の両方がもらえる場合には、出産手当金が優先して支給されていましたが、2016年（平成28年）4月より、傷病手当金の額が出産手当金の額よりも多い場合には、その差額が支給されることとなりました。

産前休業は申し出があったときだけお休み

ダメっ！

産後休業は原則として働けない

知っトク！　流産してももらえるの？

　「出産手当金」や「（家族）出産育児一時金」がもらえる「出産」とは、妊娠4か月（85日）以上の分娩をいい、死産、早産、流産、人工妊娠中絶の別を問いません。したがって、流産した場合でも上記の基準を満たせば、出産に関する給付は行なわれます。

◎「出産手当金」の支給対象期間◎

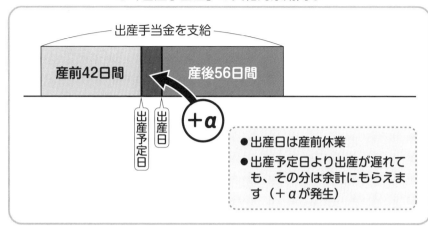

退職後など被保険者資格の喪失後でも
受給できる出産に関する給付

【出産手当金の継続給付】

　次の条件を満たす場合には、出産後56日まで退職後も引き続き出産手当金をもらえます。

①健康保険の被保険者資格を喪失した日の前日（退職日）の時点で、引き続き１年以上（任意継続被保険者であった期間を除きます）被保険者であった期間があること

②資格喪失した際に出産手当金をもらえる状況にあること

【資格喪失後の出産育児一時金】

　次の条件を満たす場合は、被保険者資格の喪失後でも、出産育児一時金をもらえます。ただし、他から同様の給付（被扶養者としての「家族出産育児一時金」、国民健康保険の「出産育児一時金」など）を受ける権利がある場合には、どちらか選択になります。

①資格喪失した日の前日（退職日）の時点で引き続き１年以上（任意継続被保険者であった期間を除きます）被保険者であった期間があること

②被保険者の資格を喪失した日（退職日の翌日）後、６か月以内に出産したこと

医療費は一定額以上かからないってホント？

負担医療費は世帯で合算することができる

　長期入院や通院で治療が長引くと治療費がかさみ、家計に大きな負担となります。そこで健康保険には、自己負担限度額を超えた部分が払い戻される「**高額療養費**」という制度があります。

　高額療養費の対象となるのは、次の給付の自己負担額のみです。ここでいう「自己負担額」には、差額ベッド代など健康保険の対象外となる費用や入院時食事療養費および入院時生活療養費にかかる標準負担額は対象から除かれます。

●療養の給付
●保険外併用療養費
●療養費
●訪問看護療養費
●家族療養費
●家族訪問看護療養費

　高額療養費は、世帯で合算することができ、①70歳以上の外来療養、②70歳以上の世帯合算、③世帯合算の3段階で適用されます（70歳未満の人については③のみ適用）。なお、70歳未満の人の療養については、世帯合算の対象になるものは2万1,000円以上のものに限られます。

　また、12か月以内に4回以上、高額療養費の対象となった場合には、「**多数回該当**」となり、自己負担限度額が引き下げられます（次ページ下図参照）。さらに、人工透析をしている慢性腎不全や血友病など特定疾病の患者については、別途、特定疾病患者の高額療養費が設定されており、血友病の場合の上限額は1万円とされています。

◎世帯合算の場合に高額療養費が適用される順序◎

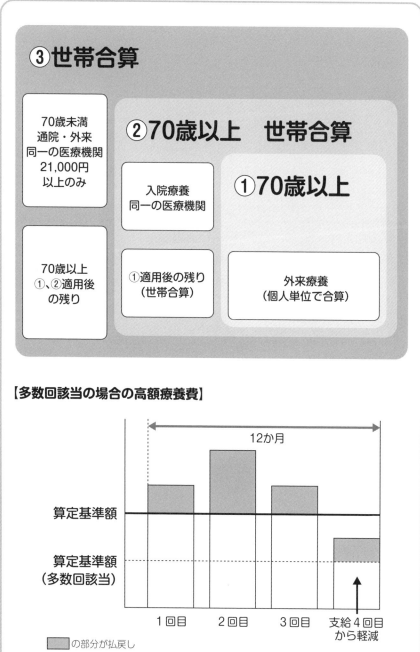

③世帯合算

70歳未満
通院・外来
同一の医療機関
21,000円
以上のみ

②70歳以上　世帯合算

入院療養
同一の医療機関

①70歳以上

70歳以上
①、②適用後
の残り

①適用後の残り
（世帯合算）

外来療養
（個人単位で合算）

【多数回該当の場合の高額療養費】

12か月

算定基準額

算定基準額
（多数回該当）

1回目　　　2回目　　　3回目　　支給4回目
から軽減

■■の部分が払戻し

69

立替払いしなくてもいい方法がある

立替払いをしなくても高額療養費が適用になる

　高額療養費の申請をしても、支給の決定がおりるまでにはかなり時間がかかります。そこで、金銭的な負担を少なくすることを目的として、「健康保険限度額適用認定証」や「高額療養費貸付制度」があります。協会けんぽの場合は、いずれも全国健康保険協会の都道府県支部に手続きをすることになります。

健康保険限度額適用認定証の申請

　事前に申請すると「健康保険限度額適用認定証」がもらえます。2012年（平成24年）4月から、70歳未満の人が外来で療養を受ける場合も申請できるようになっています。医療機関の窓口に、被保険者証と一緒に提出すれば、立替払いすることなく、高額療養費の適用が受けられます。窓口では、自己負担限度額までの支払いですむことになっています。

高額療養費貸付制度の利用

　高額療養費が支給されるまでの間、無利子で、高額療養費支給見込額の8割相当額まで貸し付けてもらえる制度を利用することができます。

◎「健康保険限度額適用認定証」をもらっておけば安心◎

29 健康保険のその他の給付制度

移送費用や葬式費用の一部が支給される

「移送費」「家族移送費」の給付

　緊急その他やむを得ない理由で、傷病により移動が著しく困難な状態の場合には、一定の条件を満たせば、移送費用として「**移送費**」「**家族移送費**」が実費支給されます。

被保険者の死亡に関する給付

　葬式費用として、「**埋葬料**」「**埋葬費**」「**家族埋葬料**」が支給されます。給付額は下図のとおりです。

被保険者の死亡	被扶養者の死亡
埋葬料（5万円） 生計を維持していた者であって埋葬を行なう者に対して支給 **埋葬費（上限5万円で実費支給）** 埋葬料を受けるべき人がいない場合に埋葬を行なった者に対して支給	**家族埋葬料** 5万円

知っトク！　資格喪失後の死亡に関する給付

　次に該当する場合、最後に加入していた保険者より「埋葬料」の支給を受けることができます。

①継続給付（傷病手当金・出産手当金）を受けていた人が死亡したとき

②継続給付を受けなくなった日後3か月以内に死亡したとき

③被保険者であった者が、被保険者の資格を喪失した日後3か月以内に死亡したとき

会社を辞めたらどの医療保険に加入する？

負担する保険料は異なる

　会社を退職後に利用可能な公的医療保険には、おもに次の３つがあります。

◎退職後の医療保険加入の３つの方法◎

	任意継続被保険者	健康保険の被扶養者	国民健康保険の被保険者
加入資格	資格喪失日の前日までに継続して２か月以上の被保険者期間のある人	年収が130万円未満（障害者・60歳以上の場合は180万円未満）	退職日の翌日より加入義務発生
加入期間	継続して２年間、または後期高齢者医療制度の対象となるまで	後期高齢者医療制度の対象となるまで（原則75歳になるまで）	
保険料	全額自己負担	不要	前年の所得等により計算。ただし、退職理由によって、保険料（税）の軽減措置あり
加入手続きの期限	退職日の翌日から20日以内	速やかに	退職日の翌日から14日以内
手続先	住所を管轄する全国健康保険協会都道府県支部または健康保険組合	扶養する被保険者が加入する健康保険組合または年金事務所（事業主経由）	市区町村
留意点	保険料を指定期日（翌月10日）までに支払わなければ資格喪失となる。傷病手当金、出産手当金はもらえない	非課税の給付も収入に含まれ、上記年収を超えると加入できない	──
窓口負担	入院・通院とも一律３割（☞55ページ）		

知っトク！

任意継続被保険者の保険料

　任意継続被保険者の保険料は、標準報酬月額をもとに算定します。標準報酬月額は、次のいずれかの低いほうで保険料を計算します。

①退職時の標準報酬月額

②保険者の全被保険者の標準報酬月額の平均額

31 健康保険の手続先と相談窓口

給付を受けるときなどはどこへ行けばよい？

協会けんぽの場合の健康保険の手続先

　全国健康保険協会が管掌する健康保険（協会けんぽ）の場合は、加入手続きか給付の請求手続きかによって届出先が違い、原則、郵送による手続きとなっています。被保険者証の発行などには数日かかるので注意が必要です。

　被保険者証が必要な場合は、申請をすれば、被保険者証が交付されるまでの間、被保険者証のかわりに使える「**健康保険被保険者資格証明書**」を年金事務所で交付してもらうことができます。また、健康保険限度額適用認定証などが急ぎで必要な場合は、窓口で直接申請すれば、すぐに交付してもらえます。

　なお、任意継続被保険者に関する手続きについては、本人が直接、協会けんぽの場合は本人の住所地を管轄する全国健康保険協会の都道府県支部に申請する必要があります。

◎健康保険に関する手続先◎

手続きの種類	協会けんぽ	健康保険組合
被保険者の加入手続きや被扶養者の認定手続きなど、健康保険の適用関係の諸手続き	会社の所在地を管轄する年金事務所（日本年金機構）	加入する健康保険組合
健康保険の現金給付に関する手続き、健康保険被保険者証・高齢受給者証などの再交付申請、健康保険限度額適用認定証などの申請手続き	会社の所在地を管轄する全国健康保険協会都道府県支部	
任意継続被保険者に関する手続き	住所地を管轄する全国健康保険協会都道府県支部	

知っトク！ 国民健康保険の手続先と相談窓口は？

　国民健康保険の加入・脱退の手続きは、市町村国保の場合、国民健康保険担当で手続きを行ないます。資格喪失日の確認がとれれば、退職前に被保険者証を出してもらえる場合もあります。国民健康保険組合の場合は、国民健康保険組合で手続きを行ないます。

国民健康保険の給付手続きはどうなっている？

健康保険とほとんど同じだが、もらえないものもある

国民健康保険の保険給付は、そのほとんどが健康保険と共通です。ただし、健康保険と違って、法律によって義務づけられている「**法定給付**」と義務のない「**任意給付**」の２つに大別されます。

さらに、法定給付のなかでも、必ず実施しなければならない「**絶対的必要給付**」と特別の理由がある場合には実施しなくてもよいとされる「**相対的必要給付**」の２種類があります。

市町村国保の場合は、任意給付はほとんど行なわれていません。

国民健康保険組合の場合は、出産手当金や傷病手当金またはこれに類似する給付を実施しているところがあります。

被保険者証のない人には特別療養費制度がある

国民健康保険には、「**特別療養費**」という独自の給付があります。

国民健康保険では、１年を超えて保険料を滞納した場合には、被保険者証を返還させて、被保険者資格証明書が交付される形になっていますが、この場合、被保険者証がないため、療養の給付等の現物給付を受けることはできません。

そこで、「特別療養費」制度を設けて、資格証明書を提示して療養を受けたときは、本来、現物支給されるべき給付相当額が償還払いされ、手続きをすればお金が戻ってくることになっています。

収入がなくても１人分の保険料が加算される

市町村国保の保険料は、家族の人数や前年の所得に応じて決定されます。ほとんどの市区町村で、「**国民健康保険税**」として徴収されており、国民健康保険料として徴収するところは少数派です。また、健康保険と違って、被扶養者という概念はなく、収入が少ない人でも均等割分は保険料の算定対象となります。保険料の算定方法は、全国の市区町村で一律ではなく、医療費の支出状況や財政状況などに違いがあるため、地域によって差があります。

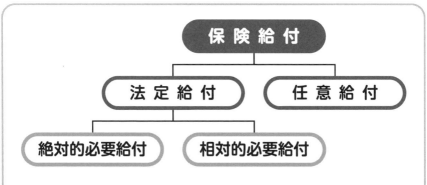

◎国民健康保険の給付の種類◎

区　　分		給付の種別	給付の種類
病気やケガ	治療を受けるとき	法定給付 （絶対的必要給付）	療養の給付
			入院時食事療養費
			入院時生活療養費
			保険外併用療養費
			訪問看護療養費
	立替払いをしたとき		療養費
			高額療養費
			高額介護合算療養費
	緊急時などに移送されたとき		移送費
	私傷病の療養のため休んだとき	任意給付	傷病手当金など
出産	出産費用	法定給付 （相対的必要給付）	出産育児一時金
	産前産後休業期間に休んだとき	任意給付	出産手当金
死亡	死亡したとき（葬式費用等）	法定給付 （相対的必要給付）	葬祭費 葬祭の給付
	独自給付	法定給付 （絶対的必要給付）	特別療養費

PART 2　公的医療保険＝健康保険のしくみはこうなっている

高齢者医療制度の給付と費用負担

後期高齢者医療制度の給付

2008年（平成20年）4月に、従来の老人保健制度を廃止し、「**後期高齢者医療制度**」が創設されました。

後期高齢者医療制度の給付については、それまでの老人保健制度や国民健康保険制度で給付されているものと同じです。

国民健康保険と同様に、保険料を滞納した場合には、被保険者証を返還させるため、療養の給付等の現物給付を受けることはできません。

そのため、被保険者資格証明書が交付され、資格証明書を提示して療養を受けたときは、あとから償還払いされる「特別療養費」が支給されます。

そのほか、努力義務として、高齢者に対する健康診査等の保健事業を実施しています。

◎後期高齢者医療制度の給付の種類◎

区　　分		給付の種類
病気やケガ	治療を受けるとき	療養の給付
		入院時食事療養費
		入院時生活療養費
		保険外併用療養費
		訪問看護療養費
	立替払いをしたとき	療養費
		高額療養費
		高額介護合算療養費
	緊急時などに移送されたとき	移送費
死亡	死亡したとき（葬式費用等）	葬祭費
	その他	特別療養費

後期高齢者医療制度の費用負担

　後期高齢者医療制度は、公費で5割負担し、後期高齢者支援金として、若年者の保険料から約4割負担し、残り1割を高齢者の保険料で負担することとされています。

◎後期高齢者医療制度の医療費の負担のしくみ◎

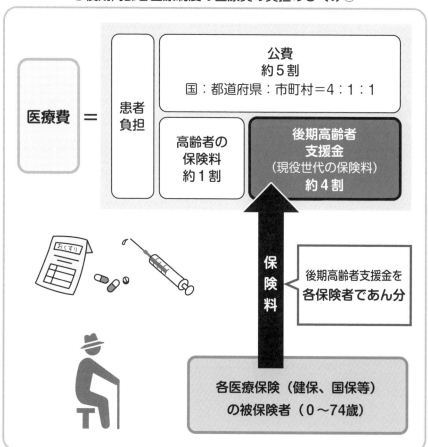

（※1）現役並み所得者は3割負担です。
（※2）一定以上所得のある人は令和4年（2022年）10月より2割負担となっています。

医療・介護費用に大きなお金がかかったら

医療保険者、介護保険者が自己負担額の比率に応じて負担

　年齢等に応じて、さまざまな医療保険制度があり、介護保険にも医療保険に近いサービスがあります。つまり、医療保険、介護保険それぞれに高額療養費やそれに対応する制度があります。

　しかし、医療費と介護費用の両方が高額になった場合など、異なる制度間で多額の費用がかかっても、以前は、返還されるしくみはありませんでした。

　そこで、2008年（平成20年）4月に、同じ世帯で医療と介護の両方を利用した場合は、年単位で、さらに自己負担の軽減を図る「**高額医療・高額介護合算療養費制度**」ができました。

　毎年、8月1日から7月31日までの1年間で、医療費と介護費用を合算した費用が一定額以上かかった場合には、年齢や所得に応じて、自己負担上限額が決まっており、申請をすれば、自己負担上限額を超えた差額が支給されます。

◎高額医療・高額介護合算療養費制度のイメージ◎

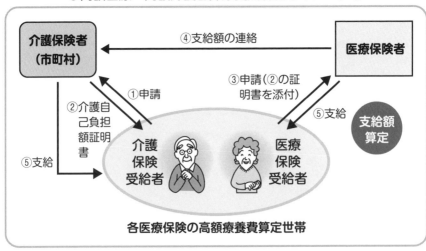

この費用負担は、医療保険者、介護保険者の双方が、自己負担額の比率に応じて負担しあうこととなっています。

なお、現行の高額療養費・高額介護サービス費等の制度と同様、食費・居住費および差額ベッド代等については、別途負担が必要となります。

◎高額介護合算療養費のしくみと支給例◎

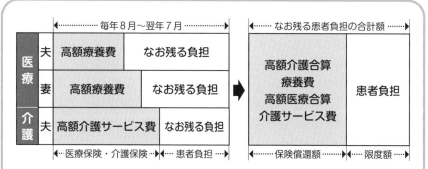

１年間で、同一の医療保険に加入する世帯単位で医療保険と介護保険の自己負担額の合計金額が「自己負担上限額」（※）を超えた場合、超えた額が戻ります。

（※）所得・年齢に応じて変わり、上限額は見直しが行なわれる予定です。

自己負担上限額が56万円の世帯の場合

8/1〜7/31にかかった負担額が

世帯合算で70万円

70万円－56万円（自己負担上限額）＝14万円

したがって、14万円が支給されます。

マイナンバーカードの
健康保険証利用（マイナ保険証）

　現在、「マイナンバーカード」には健康保険証の機能もついているため、健康保険証（マイナ保険証）として利用できるようになっています。

【マイナ保険証のメリット】

- 医療機関等は、過去に処方された薬や健康診断の情報などを確認できるようになる。
- 窓口で限度額以上の支払いが不要になる。
- マイナポータルで確定申告の医療費控除が簡単にできる。
- 就職・転職・引っ越し後も健康保険証として使える（紙の保険証のように再発行の必要がない）。

【使い方と最初の登録】

　医療機関や薬局で、マイナンバーカードをカードリーダーにかざして使います。なお、マイナンバーカードを健康保険証として使うには、初回の受診などの前に、アプリへのインストールなどの対応が必要です。登録のやり方や事前準備については、右のサイトから確認いただけます。

【注意点】

　いまのところ、従来の健康保険証はこれまでどおり使えます。健康保険の加入手続きには、マイナンバーの記載が必要ですが、もし過去の健康保険資格取得手続き時にマイナンバーを届け出ておらず、紐づけができていない場合は、協会けんぽ等へのマイナンバーの届出が必要です。協会けんぽの場合は、所定の申請書様式で届出をします（右のQRコードから確認できます）。健康保険組合については、各組合にご確認ください。

　なお、2024年秋からは紙の健康保険証は廃止され、マイナ保険証に切り替えることになっています。しかし、まだマイナンバーカードの普及と医療機関のマイナ保険証対応が遅れていることもあり、2024年秋の全面移行は難しいという意見も見受けられますが、マイナ保険証には上記のメリットもありますので活用していきたいものですね。

PART 3

介護保険のしくみは
こうなっている

介護保険のサービスには
いろいろあって、
かなり充実していますね。

「介護保険」制度はなぜできたのか

老人保健制度と老人福祉制度は問題が多かった

　日本は、急速に高齢化が進み、介護を行なう家族の経済的・精神的な負担も深刻です。少子化・核家族化が進み、年老いた配偶者や子が介護する「老老介護」などが問題になってきました。

　また、高齢者の医療・福祉を担う「老人保健制度」「老人福祉制度」は、来たる少子高齢化社会に向けて、大きな問題を抱えていました。

　たとえば、老人医療を担う「老人保健制度」は、本来は福祉施設か自宅に戻るべき高齢者が、退院後に介護する人がいないなどといった理由で、入院を余儀なくされる「社会的入院」が大きな問題になっていました。応能負担である「老人福祉制度」よりも、「老人保健制度」を活用したほうが中高所得者には負担が少なくて済んだことも一因でした。

　また、「老人福祉制度」は、市区町村が必要性に応じて入所する福祉施設を決定する措置制度となっていて、高齢者が自分で行きたい施設を選択できなかったため、競争原理が働かず、サービスが画一的でした。

　高齢者が本当に求める介護サービスが行なわれず、寝たきりのまま病院で息絶えるなど、高齢者の生活の質（QOL）を大きく引き下げていることが問題となっていました。介護保険制度が創設される前は、莫大な医療費がかかり、かつ、医療と福祉の連携がとれていない等、急速な少子高齢化にあたり、制度を維持できない問題がたくさんあったのです。

　そこで、2000年（平成12年）に介護保険法が施行され、介護保険制度がスタートしたのです。

知っトク！　応能負担と応益負担

　所得など支払能力に応じて、費用を負担することを「応能負担」、利用したサービスにかかる費用に応じて、費用を負担することを「応益負担」といいます。

◎こうして介護保険が必要になった◎

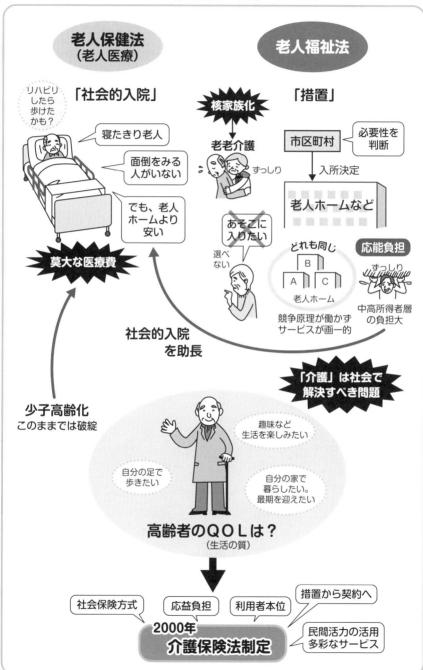

介護保険制度にはどんな特徴があるか

社会保険方式で給付と負担が明確になっている制度

　介護保険制度は、「社会的入院」など従来の制度が抱える問題点を解消し、介護問題を社会で解決し、高齢化の急速な進展にともなって増えていく介護需要を見込んで創設されました。運営主体である保険者は市区町村とされ、利用者のニーズや地域性などを考慮しやすいしくみです。

　介護保険制度のおもな特徴をあげておくと、次のとおりです。

---

①「措置から契約へ」利用者本位のしくみ

　入所する福祉施設を市区町村が決める「措置」のしくみでは、利用者が受けたいサービスを選択できませんでした。介護保険では、利用者と介護保険の事業者が契約して、自分でサービスを選択できる契約制度に変わり、利用者本位のしくみになりました。

②「社会保険方式」による給付と負担が明確なしくみ

　介護保険は、相互扶助・自己責任を基本とし、給付と負担がより明確である「社会保険方式」がとられています。利用する高齢者も、被保険者として保険料を負担することになっています。

③利用者の受益にあった応益負担のしくみ

　介護保険では、利用者が利用したサービスに応じて、一定割合の利用料を負担する応益負担のしくみをとりました。

④民間参入を促し、競争原理によって、介護サービスの多様化とサービスの質の向上をめざす

　介護保険では、一定の条件を満たした民間企業やNPOなど法人格を有する者が事業者指定を受ければ、介護ビジネスに参入できるしくみになっています。多くの事業者が参入し、競争原理により、介護サービスの多様化とサービスの質の向上をめざすことが可能になりました。

介護保険法が約３年ごとに改正されるワケ

　2000年に介護保険法が施行され、介護保険制度は開始から20年以上経過しました。この20数年間で要介護（要支援）認定者数は、218万人（2000年４月末）から691万人（2022年４月末）へと、３倍以上に増えています。また、介護を取り巻く環境の変化に臨機応変に対応するために、介護保険制度は約３年ごとに改正されています。

　介護保険法は、国が基本的な指針を定めて、都道府県と市町村は基本指針にそって、３年を一期とする「都道府県介護保険事業支援計画及び市町村介護保険事業計画」を定めることとされています。

　基本指針は、計画作成上のガイドラインの役割を果たしています。

　次の介護保険事業計画は、「第９期計画（2024年度〜2026年度）」となります。介護保険事業計画には、2040年までの見通しが記載されていますが、2040年には、高齢者人口がピークに達して85歳以上が高齢人口の３割を占め、さまざまな問題が深刻化することが予測されているため、2040年も見すえた計画へ見直されてきています。

　高齢者の自立支援・重度化防止に向けた取組みの強化や、歯科衛生士や栄養士による指導を受けながら、体操をしたり、栄養指導、口腔ケアを受けるなどして**介護予防に努め、要介護認定率を下げて、保険料の上昇を抑える**ことが重要となってきています。

◎認知症患者の増加◎

（カッコ内は65歳以上人口対比）

462万人
（15%）
2012年

約700万人
（約20%）
2025年

認知症患者は2025年に700万人を超え、65歳以上の５人に１人は認知症になるという予測が出ています。要介護等認定者数は今後、急激に増えていく見通しです。

（厚生労働省資料より）

介護保険にはどんな人が加入するのか

第1号被保険者と第2号被保険者に区分される

日本国内に住んでいる**40歳以上の人は全員**、介護保険に加入しなければならないことになっています。

まず、市区町村の区域内に住所を有する65歳以上の人は、介護保険の「**第1号被保険者**」となります。また、市区町村の区域内に住所を有する40歳以上65歳未満の医療保険加入者は、介護保険の「**第2号被保険者**」となります。なお、被扶養者は、原則として介護保険料の負担はありません。

介護保険によるサービスは、**第1号被保険者が要介護状態または要支援状態にある場合**には、保険給付を受けることができます。一方、**第2号被保険者**は、要介護状態であっても、介護サービスを受けられるのは、その原因が初老期認知症など老化に起因する**特定疾病**（次ページ下図の16種類）によるものに限られます。

◎介護保険の被保険者◎

	第1号被保険者	第2号被保険者
対象者	65歳以上の者	40歳以上65歳未満の医療保険加入者
被保険者証	全員に交付される	要介護認定を受けた者のみ交付される
介護保険料（徴収方法）	市区町村が徴収（普通徴収）または年金から保険料を控除（特別徴収） 保険料…所得に応じて、段階に区分された定額	医療保険の保険料に上乗せして徴収 【健康保険】…給与・賞与から控除 　保険料（労使折半）＝標準報酬月額（給与）・標準賞与額（賞与）×介護保険料率 【国民健康保険】 　保険料＝所得（所得割）や世帯の人数（均等割）等により按分（国庫負担あり）

口座振替 or 納付書

年金が年間18万円以上の人は年金から保険料天引き

会社が給与から保険料を天引きしてまとめて納付

市区町村ごとに算定された保険料を納める

◎介護保険サービスが受給可能な者◎

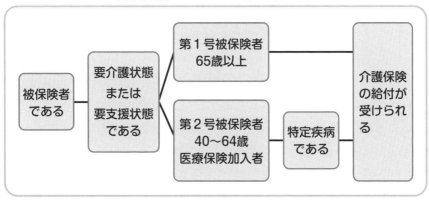

◎第２号被保険者の「特定疾病」に該当するもの◎

①末期がん（回復の見込みのない状態のものに限る）

②筋萎縮性側索硬化症（ＡＬＳ）

③後縦靭帯骨化症

④骨折をともなう骨粗鬆症

⑤関節リウマチ

⑥多系統萎縮症（シャイ・ドレーガー症候群等）

⑦初老期における認知症（アルツハイマー病、脳血管性認知症）

⑧脊髄小脳変性症

⑨脊柱管狭窄症

⑩早老症（ウェルナー症候群）

⑪糖尿病性神経障害・糖尿病性腎症・糖尿病性網膜症

⑫脳血管疾患

⑬パーキンソン病関連疾患

⑭閉塞性動脈硬化症

⑮慢性閉塞性肺疾患

⑯両側の膝関節または股関節に著しい変形をともなう変形性関節症

介護が必要になったらどうすればいい?

要介護認定の判定にもとづいて給付サービスが決まってくる

　介護保険の保険給付を受けるためには、「**要介護認定**」を受けることが必要です。「**要介護状態**」または「**要支援状態**」にある場合に、保険給付を受けることができます。

　要介護認定とは、介護保険のサービスを受けるために、要介護状態あるいは要支援状態にあるかどうかを判断するために行なわれる手続きです。

　要介護認定は、保険者である市区町村が行ないます。認定を受けるためには、市区町村の介護保険の担当窓口または「**地域包括支援センター**」に申請することが必要になります。この申請は、本人が行なうことが必要ですが、一部、**申請代行**によることも可能です。

　介護認定の申請を行なうと、市区町村から認定調査員が被保険者を訪問し、面接による認定調査（基本調査、特記事項）を行ないます。そして、障害の原因である病気やケガの状況について、主治医の意見書をつけて、コンピュータによる**一次判定**を実施します。

　一次判定が終わると、その結果が市区町村に設置された**介護認定審査会**にまわされ、**二次判定**が実施されます。二次判定では、認定調査での内容、主治医の意見書等を参考に判定を行ない、**要介護度**（☞90ページ）を判定結果として出します。

　なお、新規の要介護認定の有効期間は、原則として**6か月**です。それ以降も引き続き要介護状態にあり、介護サービスの利用が見込まれる場合には、**更新手続き**が必要となります。更新による要介護認定の有効期限は、原則として12か月です。

　つまり、継続して介護サービスが必要な場合は、1年ごとに要介護認定を受けることになります。

◎要介護認定の審査の流れ◎

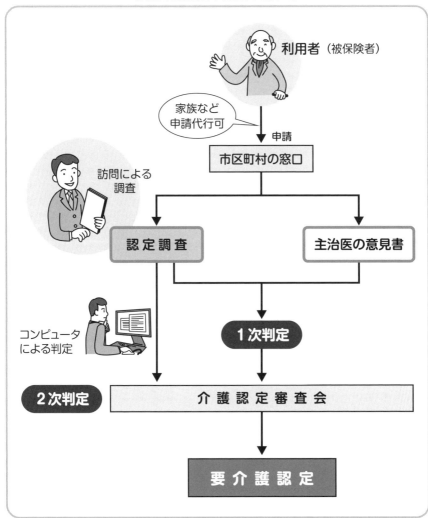

利用者（被保険者）

家族など申請代行可

申請

市区町村の窓口

訪問による調査

認定調査

主治医の意見書

コンピュータによる判定

1次判定

2次判定

介護認定審査会

要介護認定

知っトク！

地域包括支援センター

　総合的な相談窓口および介護予防マネジメント、ケアマネジャーの支援等を目的としてできた施設。市区町村を責任主体としており、中学校区に1つずつを目安につくられています。

要介護度によってサービスが決まってくる

要支援か要介護か、それとも自立か

要介護認定を受けるための申請をすると、原則として30日以内に「自立（非該当）」「要支援」「要介護」の3つのいずれかが、結果として本人宛てに通知されます。「要介護」は1～5、「要支援」は1、2があり、それぞれ数字が大きいほど、介護の必要度が高いことになります。

常に介護が必要とされる要介護者（要介護1～要介護5）の場合は、介護保険の**介護給付**を受給することができます。要支援者（要支援1、要支援2）の場合は、介護保険の**予防給付**を受給することができます。

そのほか、市区町村が実施する介護予防事業によるサービスを受けることもできます。また、介護給付・予防給付とあわせて、市区町村独自で行なっている市区町村特別給付を受けることもできます。

「自立（非該当）」の場合は、介護保険によるサービスは受給できません。しかし、要介護認定の際に、要介護あるいは要支援のおそれがあることが明らかな場合には、市区町村が実施する介護予防事業によるプログラムを利用することができます。

◎要介護度と介護保険サービスのしくみ◎

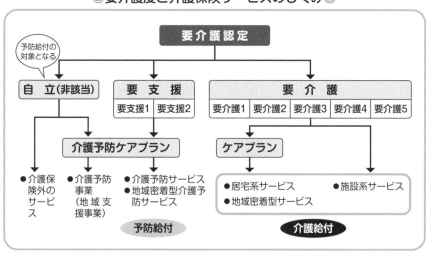

◎要介護度のめやす◎

要介護度		認定のめやす
予防給付	要支援1	障害のために生活機能の一部に若干の低下が認められ、介護予防サービスを提供すれば改善が見込まれる
	要支援2	障害のために生活機能の一部に低下が認められ、介護予防サービスを提供すれば改善が見込まれる
介護給付	要介護1	身の回りの世話に見守りや手助けが必要。立ち上がり・歩行等で支えが必要
	要介護2	身の回りの世話全般に見守りや手助けが必要。立ち上がり・歩行等で支えが必要。排せつや食事で見守りや手助けが必要
	要介護3	身の回りの世話や立ち上がりが1人ではできない。排せつ等で全般的な介助が必要
	要介護4	日常生活を営む機能がかなり低下しており、全面的な介助が必要な場合が多い。問題行動や理解低下も
	要介護5	日常生活を営む機能が著しく低下しており、全面的な介助が必要。多くの問題行動や全般的な理解低下も

知っトク！ 介護予防

　高齢者に対して、生活機能の維持・向上を積極的に図り、要支援・要介護状態の予防およびその重症化の予防・軽減により、本人の自己実現の達成を支援することを「介護予防」といいます。

　要支援者である軽度の人が要介護状態になる原因は、「高齢による衰弱」「関節疾患」「骨折・転倒」が約半数を占めています。心身の機能が低下して動けなくなることを防ぐためには、体を動かすことが重要です。そこで、運動機能向上、ひきこもり予防、栄養改善、口腔機能向上、うつ病対策等も含めて、機能を低下させないように、介護予防に関する事業を行なっています。

介護サービスにはどんなものがあるか

「介護給付」と「予防給付」がある

　介護保険で利用できるサービスには、要介護1～5と認定された人が利用できるサービス（**介護給付**）と、要支援1～2と認定された人が利用できるサービス（**予防給付**）があり、大きく分けると次のようなサービスを受けることができます。

- ●介護サービスの利用にかかる相談、ケアプランの作成
- ●自宅で受けられる家事援助等のサービス
- ●施設などに出かけて日帰りで行なわれるサービス
- ●施設などで生活（宿泊）しながら、長期間または短期間に受けられるサービス
- ●訪問・通い・宿泊を組み合わせて受けられるサービス
- ●福祉用具の利用にかかるサービス

　予防給付とは、介護予防（生活機能を維持・向上させ、要介護状態になることを予防すること）に適した、軽度者向けの内容・期間・方法で提供されるサービスです。

　右ページ表の「**地域密着型サービス**」とは、住み慣れた地域で、多様かつ柔軟なサービスを提供するための枠組みで、事業所や施設がある市区町村に住んでいる人の利用が基本となります。

　地域密着型サービス以外のサービスについては、他の市区町村にある事業所や施設の利用も可能です。

　なお、右ページ表の「予防」欄は、介護予防サービスがあるもの、「地域」欄は、地域密着型サービスがあるものです。

◎介護サービスの種類◎

	予防	地域
介護の相談・ケアプラン作成		
居宅介護支援	—	—
自宅に訪問		
訪問介護（ホームヘルプ）	—	—
訪問入浴	○	—
訪問看護	○	—
訪問リハビリ	○	—
夜間対応型訪問介護	—	○
定期巡回・随時対応型訪問介護看護	—	○
訪問・通い・宿泊を組み合わせる		
小規模多機能型居宅介護	○	○
看護小規模多機能型居宅介護（複合型サービス）	—	○
施設に通う		
通所介護（デイサービス）	—	—
通所リハビリ	○	—
地域密着型通所介護	—	○
療養通所介護	—	○
認知症対応型通所介護	○	○
短期間の宿泊		
短期入所生活介護（ショートステイ）	○	—
短期入所療養介護	○	—
施設等で生活		
介護老人福祉施設（特別養護老人ホーム）	—	—
介護老人保健施設（老健）	—	—
介護療養型医療施設	—	—
特定施設入居者生活介護(有料老人ホーム、軽費老人ホーム等)	○	—
介護医療院	—	—
地域密着型サービス：地域に密着した小規模な施設等の利用		
認知症対応型共同生活介護（グループホーム）	○	○
地域密着型介護老人福祉施設入所者生活介護	—	○
地域密着型特定施設入居者生活介護	—	○
福祉用具を使う		
福祉用具貸与	○	—
特定福祉用具販売	○	—

（※）サービスの詳細については厚生労働省介護サービス情報公表システムで確認できます。
https://www.kaigokensaku.mhlw.go.jp/publish/

介護サービスはこうして提供開始となる

ケアマネジャーがケアプランを作成して始まる

　要介護度が決定したら、**ケアプラン**を作成し、介護サービス事業者と契約します。

　要介護者が在宅介護サービスを受ける場合は、**ケアマネジャー（介護支援専門員）**のいる**居宅介護支援事業者**にケアプランの作成依頼をします。施設入所を希望する場合は、自分で施設を探し、直接契約します。

　居宅介護支援事業者や施設の紹介などの相談は、市区町村の介護保険担当窓口や地域包括支援センターで行なっています。要支援者については、地域包括支援センターで介護予防ケアプランを作成します。

　居宅介護支援事業者のケアマネジャーは、利用者やその家族に面談を行ない、介護サービス事業者との連絡・調整を行なうのが仕事です。利用者やその家族との導入面談後、主治医・ケアマネジャー・介護サービス事業者の担当者等を集めて**サービス担当者会議**を行ないます。ケアプランができ上がったら、利用するサービスごとに利用者と事業者が契約をします。契約時には、介護事業者が利用者に対し、**重要事項説明書を渡して、口頭で説明する**ことが義務づけられています。

　訪問介護やデイサービスといったサービスは、全国で各4万件以上にのぼります。4万件とは、大手3社のコンビニと同程度の数で、利用者が選択できる時代になってきました。よりよいサービスを選択するために、サービス開始にあたり、確認しておきたいことは次のとおりです。

①介護保険の指定事業者であるかどうか
②サービスの範囲と料金
③サービスの変更・解約
④事故やトラブル発生時の対応
⑤苦情対応窓口はどこか

◎介護保険サービスを受給するまでの流れ◎

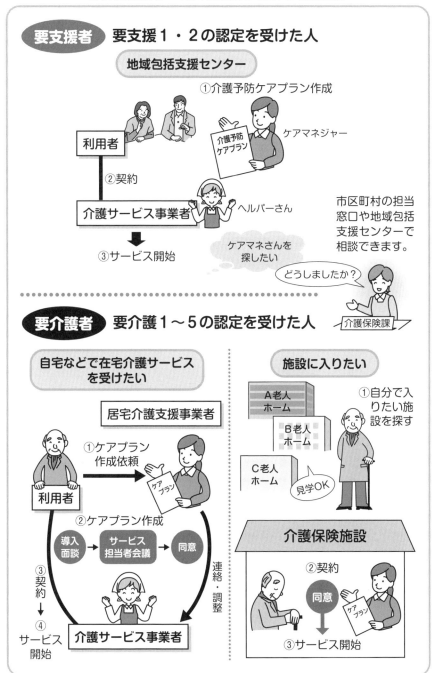

居宅系サービスとはどんなものか

居宅系サービスにはすべて介護予防サービスもある

「居宅系サービス」には、すべて介護予防サービスがあります。自宅で受けるサービスとしては、ホームヘルパーが身体介護や生活援助を行なう「**訪問介護**」「**訪問入浴介護**」、看護師等が療養上の世話などを行なう「**訪問看護**」「**訪問リハビリテーション**」、利用者の自宅を医師等が訪問する「**居宅療養管理指導**」などのサービスがあります。

福祉用具関連では、用具の選定等をして、車いす、手すり、スロープなどの福祉用具を貸与・取付等をする「**福祉用具貸与**」、腰掛便座などの福祉用具を販売する「**特定福祉用具販売**」などのサービスがあります。

また、施設に通って入浴サービス、レクリエーションなどを行なう「**通所介護（デイサービス）**」「**通所リハビリテーション（デイケア）**」や、有料老人ホームやケアハウス等に入居して介護サービスを受ける「**特定施設入居者生活介護**」といったサービスもあります。

家族の病気、冠婚葬祭、出張等のため一時的に養育・介護を行なうことができない利用者が施設に短期間入所して日常生活全般の養育・介護を受けることができるサービスを「**ショートステイ**」といい、「**短期入所生活介護**」と「**短期入所療養介護**」があります。

「介護で疲れた心身を癒したい」「介護のために旅行に行けない」など、在宅介護における家族の負担が大きくなることが問題となっています。ショートステイ等のサービスは、最近は、家族の精神的・身体的な負担の軽減等を図るための「**レスパイト・ケア**」として注目されています。

知っトク！

レスパイト・ケア

乳幼児・障害者・障害児・高齢者などを在宅でケアしている家族の心身の疲れを癒すため、一時的に介護などのケアを代替し、リフレッシュを図ってもらう家族支援サービス全般をさします。

◎居宅系サービスの種類と内容◎

訪問介護	介護福祉士や訪問介護員によって提供される入浴、排泄、食事等の介護、そのほかの日常生活を送るうえで必要となるサービス
訪問入浴介護	居宅を訪問し、持参した浴槽によって行なわれる入浴の介護
訪問看護	看護師、准看護師、保健師、理学療法士および作業療法士が居宅を訪問して行なう療養にかかわる世話、または必要な診療の補助を行なうサービス
訪問リハビリテーション	理学療法士、作業療法士、言語聴覚士という専門職が、居宅（自宅のほか軽費老人ホームや有料老人ホームなどの居室も含む）を訪問して行なう心身の機能の維持回復、日常生活の自立を助けることを目的とするリハビリテーション
居宅療養管理指導	病院や診療所または薬局の医師、歯科医師、薬剤師などによって提供される、療養上の管理および指導など
通所介護	老人デイサービスセンターなどで提供される、入浴、排泄、食事などの介護、そのほかの日常生活を送るうえで必要となるサービスおよび機能訓練
通所リハビリテーション	介護老人保健施設、病院や診療所で提供される、利用者の心身機能の維持回復、日常生活の自立を助けることを目的とするリハビリテーション
短期入所生活介護	特別養護老人ホームなどの施設で短期間、生活してもらい、その施設で行なわれる、入浴、排泄、食事などの介護、そのほかの日常生活を送るうえで必要となるサービスおよび機能訓練
短期入所療養介護	介護老人保健施設などの施設で短期間、生活してもらい、その施設で行なわれる、看護、医学的な管理の必要となる介護や機能訓練、そのほかに必要となる医療、日常生活上のサービス
特定施設入居者生活介護	有料老人ホーム、軽費老人ホームなどに入居している要介護認定を受けた利用者に対して、その施設が提供するサービスの内容などを定めた計画にもとづいて行なわれる入浴、排泄、食事等の介護、洗濯、掃除等の家事、生活等に関する相談および助言、日常生活を送るうえで必要となるサービス
福祉用具貸与	利用者の心身の状況、希望およびその環境をふまえたうえで、適切な福祉用具を選定するための援助、その取付けや調整などを行ない、福祉用具を貸し与える
特定福祉用具販売	福祉用具のうち、入浴や排泄の際に用いられるなど、貸与にはなじまないもの（「特定福祉用具」）を販売すること

地域密着型サービスにはどんなものがあるか

各市区町村の在住者に限定した介護サービス

2006年4月に介護保険法が改正され、「**地域密着型サービス**」が介護保険のサービスとして新設されました。

独居高齢者や認知症高齢者が増えているなか、中重度の要介護の高齢者が、介護度が重くなっても、住み慣れた地域でいつまでも生活できるように、地域ぐるみで高齢者を支援するしくみです。市区町村により指定された事業者がサービスを行ない、その地域に住む住民が対象となります。

介護保険の居宅サービスは、都道府県が介護事業者の指定をしますが、地域密着型サービスは、市区町村が介護事業者を指定します。

保険給付として、費用が支払われる「地域密着型サービス」には、次ページにあげた10種類のサービスがあります。

◎「地域密着型サービス」のしくみと特徴◎

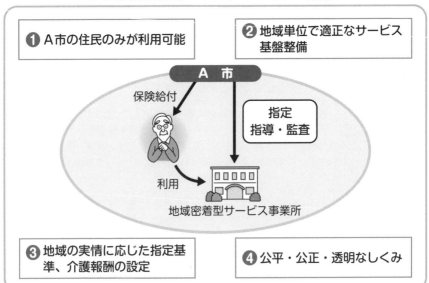

❶ A市の住民のみが利用可能

❷ 地域単位で適正なサービス基盤整備

A 市

保険給付

指定
指導・監査

利用

地域密着型サービス事業所

❸ 地域の実情に応じた指定基準、介護報酬の設定

❹ 公平・公正・透明なしくみ

◎地域密着型サービスの種類と内容◎

定期巡回・随時対応型訪問介護看護	居宅を訪問して行なわれる入浴、排泄、食事などの介護や療養生活を支援するための看護、そのほかの日常生活を送るうえで必要となるサービス
夜間対応型訪問介護	夜間、居宅を訪問して行なわれる入浴、排泄、食事などの介護、そのほかの日常生活を送るうえで必要となるサービス
地域密着型通所介護	老人デイサービスセンターなどで提供される、入浴、排泄、食事などの介護、そのほかの日常生活を送るうえで必要となるサービスおよび機能訓練
療養通所介護	常時看護師による観察が必要な難病等の重度要介護者またはがん末期患者を対象とし、療養通所介護計画にもとづき、入浴、排せつ、食事等の介護その他の日常生活上の世話と機能訓練を行なう
認知症対応型通所介護	認知症の人が、老人デイサービスセンターなどを訪れて利用する、入浴、排泄、食事などの介護、そのほかの日常生活を送るうえで必要となるサービスなどや機能訓練
小規模多機能型居宅介護	居宅訪問や、利用者がサービス拠点に通ったり、短期間宿泊したりして、提供される入浴、排泄、食事などの介護、そのほかの日常生活を送るうえで必要となるサービスなどや機能訓練
認知症対応型共同生活介護	共同生活を送る住居で提供される入浴、排泄、食事などの介護、そのほかの日常生活を送るうえで必要となるサービスなどや機能訓練
地域密着型特定施設入居者生活介護	「地域密着型特定施設」に入居している利用者に対し、入浴、排泄、食事等の介護、洗濯、掃除等の家事、生活等に関する相談および助言、日常生活上の世話
地域密着型介護老人福祉施設入所者生活介護	地域密着型介護老人福祉施設入所者に対し、入浴、排泄、食事などの介護、そのほかの日常生活を送るうえで必要となるサービスなどや機能訓練、療養上のサービス
看護小規模多機能型居宅介護 （複合型サービス）	居宅への訪問、サービス拠点に通ったり、短期間宿泊したりして、提供される入浴、排泄、食事などの介護や療養生活を支援するための看護、そのほかの日常生活を送るうえで必要となるサービスなどや機能訓練

施設系サービスにはどんなものがあるか

介護保険施設の種類と特徴

　施設系サービスを行なう介護保険施設の種類は、以下のとおりです（右ページ表を参照）。

　「**介護老人福祉施設**」は、老人福祉法における定員30人以上の「**特別養護老人ホーム**」で、介護保険の指定を受けた施設のことです。現時点では、社会福祉法人のみが設立可能となっており、2015年（平成27年）4月から、原則として要介護3以上の要介護者でなければ、入居できなくなりました。

　次に「**介護老人保健施設**」は、傷病により寝たきり状態等にある老人が入所する介護保険の指定を受けた施設です。機能訓練・相談援助サービスのほか、看護および医学的管理下における介護サービスなど、医療と福祉の総合的ケアサービスが受けられます。

　右表の4番目にある「**介護療養型医療施設**」は、病院等における介護保険版療養病床等のことで、急性期の治療を終え、要介護状態で入院医療を必要とする高齢者向け医療施設です。

知っトク！　ユニットケア

　入居者を10人程度の小さな単位（「ユニット」といいます）に分けて、高齢者の介護（ケア）を行なう方法。それぞれのユニットを1生活単位とし、食事・入浴・施設内での行事を行ないます。グループホームの場合は現在、1施設につき1ユニット5〜9名で、2ユニット（18名）で運営されていることが多いようです。

　また、大規模で画一的なサービスであった特別養護老人ホームなどでも、近年は10名前後のユニット単位でケアを行ない、少人数の家庭的な雰囲気のなかでケアができる環境づくりを進める施設がたくさんあります。

◎施設系サービス（介護保険施設）の種類と内容◎

介護老人福祉施設 （特別養護老人ホーム）	要介護者のための生活施設
介護老人保健施設	長期療養が必要な要介護者のための施設
介護医療院	在宅復帰をめざす要介護者に対し、リハビリ等を提供する施設
介護療養型医療施設	病院または診療所であって、必要な医療等を提供する施設

　ただし、介護療養型医療施設は、2023年度末（2024年3月末）で廃止となります。

　この後の新たな介護施設して創設されたのが、「**介護医療院**」です。

　これは、医療と介護の連携により、今後増加が見込まれる慢性期の医療介護ニーズへ対応するため、「日常的な医学管理」「看取り・ターミナル」等の機能、「生活施設」としての機能を兼ね備えた新たな介護保険施設です。

知っトク！　ターミナルケア

　「ターミナルケア」とは、末期がんなど治る見込みのない人のケアをさします。超高齢社会を迎え、介護保険が定着したいま、高齢者およびその家族の間で、自宅や高齢者施設を「終のすみか」として、最期を迎えたいというニーズが増えてきました。

　これを受けて、介護老人福祉施設（特別養護老人ホーム）など一部のサービスについては、ターミナルケアに必要な看護師などの人員配置をはじめとする医療体制や施設基準を満たした施設・事業者に対して、介護報酬の加算を行なうことにより、自宅や高齢者施設などで最期を迎える体制づくりが進められています。

介護保険の給付には、こんなものがある

利用者負担1～2割で介護保険サービスを受けることができる

　介護保険のサービスに関する給付は、原則として**利用者負担1～2割**で利用することができます。一部のサービスは、食費・居住費等にかかる費用の負担があります。2015年（平成27年）8月から、一定以上所得者の利用者負担が2割に引き上げられ、さらに所得の高い利用者は、2018年（平成30年）8月より**3割負担**へ引き上げられました。

　「居宅系サービス」「地域密着型サービス」には、要介護度に応じて、**利用限度額**が定められています。ただし、次のサービスについては、利用限度額の対象とはなりません。

- ●居宅療養管理指導
- ●特定施設入居者生活介護
- ●認知症対応型共同生活介護（短期利用を除く）
- ●地域密着型特定施設入居者生活介護
- ●地域密着型介護老人福祉施設入所者生活介護

　利用限度額を超えたサービスの利用は、**全額自己負担**となります。また、福祉用具購入（年間10万円）と住宅改修（原則1回限り20万円）でも、利用限度額が設定されています。

　そのほか、食費と居住費については、所得の低い入所者（特定入所者）に特別な措置として支給される「**特定入所者介護（予防）サービス費（補足給付）**」などがあります。

　また、ケアプランを無償で作成できる「**居宅介護（介護予防）サービス計画費**」、介護保険版高額療養費制度にあたる「**高額介護（予防）サービス費**」、「**高額医療合算介護（予防）サービス費**」などもあります。

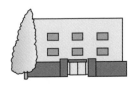

◎「介護給付」「予防給付」のおもなもの◎

介護給付　　　　　　　　　　　　　**予防給付**

【ケアプランに関する給付】

居宅介護サービス計画費	ケアプラン作成	介護予防サービス計画費

【サービスに関する給付】

居宅介護サービス費	居宅系サービス	介護予防サービス費
地域密着型介護サービス費	地域密着型サービス	地域密着型介護予防サービス費
居宅介護福祉用具購入費	福祉用具購入	介護予防福祉用具購入費
居宅介護住宅改修費	住宅改修	介護予防住宅改修費
施設介護サービス費	施設系サービス	

【所得の低い人や高額な費用をカバーする給付】

高額介護サービス費	高額な費用	高額介護予防サービス費
高額医療合算介護サービス費		高額医療合算介護予防サービス費
特定入所者介護サービス費（補足給付）	低所得者対策	特定入所者介護予防サービス費（補足給付）

◎利用者負担額の計算例（1割負担の場合）◎

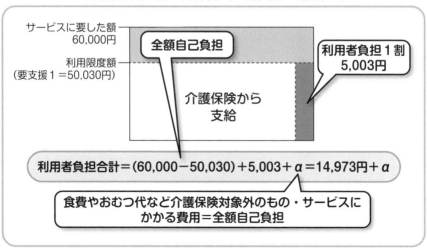

サービスに要した額
60,000円

利用限度額
（要支援1＝50,030円）

全額自己負担

利用者負担1割
5,003円

介護保険から
支給

利用者負担合計＝（60,000－50,030）＋5,003＋α＝14,973円＋α

食費やおむつ代など介護保険対象外のもの・サービスに
かかる費用＝全額自己負担

「地域包括ケアシステム」ってなんだろう

自助・共助・互助と公助の役割を明確にする

「地域包括ケアシステム」とは、高齢者の尊厳を守りながら、できるだけ自宅で暮らし、住み慣れた土地で最期を迎えることができる環境をつくるために、おおむね30分以内に必要なサービスが提供できる**中学校区を日常生活圏域**として、その範囲内でサービスが適切に提供できるように考えられたしくみです。

地域包括ケアを実現するためには、次の5つの視点での取組みが包括的・継続的に行なわれることが必須とされています。

①**医療との連携強化**…24時間対応の在宅医療、訪問看護やリハビリテーションの充実強化

②**介護サービスの充実強化**…特別養護老人ホームなどの介護拠点の緊急整備や24時間対応の在宅サービスの強化

③**予防の推進**…できる限り要介護状態とならないための予防の取組みや自立支援型の介護の推進

④**見守り、配食、買い物など多様な生活支援サービスの確保や権利擁護**など1人暮らしや高齢夫婦のみ世帯の増加、認知症の増加を踏まえ、**さまざまな生活支援サービス**（見守り、配食などの生活支援や財産管理などの権利擁護サービス）**を推進**

⑤**高齢期になっても住み続けることができるバリアフリーの高齢者住まいの整備**…高齢者専用賃貸住宅と生活支援拠点の一体的整備、持ち家のバリアフリー化の推進（国土交通省）

地域のなかには、介護保険など公的社会保障である**共助**や、住民主体のボランティア等の**互助**、健康維持のためのセルフケアといった**自助**などがあります。これからの日本は、こうした自助・共助・互助と**公助**の役割を明確にしながら、ともに連携して、地域で支え合うしくみと、そこにつながる地域の仲間たちが必要です。

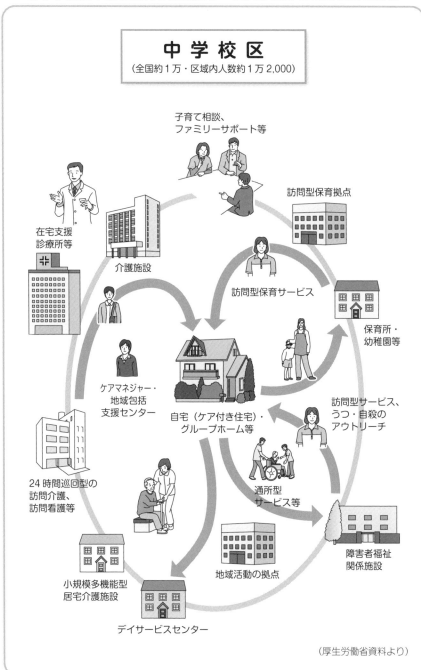

中学校区

（全国約1万・区域内人数約1万2,000）

子育て相談、
ファミリーサポート等

訪問型保育拠点

在宅支援
診療所等

介護施設

訪問型保育サービス

保育所・
幼稚園等

ケアマネジャー・
地域包括
支援センター

自宅（ケア付き住宅）・
グループホーム等

訪問型サービス、
うつ・自殺の
アウトリーチ

24時間巡回型の
訪問介護、
訪問看護等

通所型
サービス等

障害者福祉
関係施設

小規模多機能型
居宅介護施設

地域活動の拠点

デイサービスセンター

（厚生労働省資料より）

所得に応じて1～3割負担

第1号被保険者の利用者負担割合は所得別に3段階

　介護保険は、サービスにかかる費用の一部（1～2割）を自己負担して利用する制度です。

　要支援・要介護の認定を受けた人には、利用者負担の割合が記載された「**介護保険負担割合証**」が発行されます。

　そして、第1号被保険者（65歳以上）については、所得により1～2割負担となり、高所得者については、3割負担となります（下表参照）。

　第2号被保険者（40～65歳）については、所得に関係なく1割負担です。

◎第1号被保険者の利用者負担割合◎

年金収入等の金額	負担割合
340万円以上（※1）	3割
280万円以上（※2）	2割
280万円未満	1割

（※1）年金収入等340万円以上とは、「合計所得金額（給与収入や事業収入等から給与所得控除や必要経費を差し引いた額）220万円以上」かつ「年金収入＋その他合計所得金額340万円以上（単身世帯の場合。夫婦世帯の場合は463万円以上）」です。

（※2）年金収入等280万円以上とは、「合計所得金額160万円以上」かつ「年金収入＋その他合計所得金額280万円以上（単身世帯の場合。夫婦世帯の場合は346万円以上）」です。つまり、単身世帯で年金収入のみの場合は、280万円以上だと該当します。

高額介護サービス費とは

　介護サービスを利用して支払った自己負担額（所得に応じて1～3割）の合計が、下表の自己負担限度額を超えたときは、超えた分の金額が払い戻される制度があり、これを「**高額介護サービス費**」といいます。同じ月に限度額を超えるときに、**申請することによって支給されます**。

◎高額介護サービス費の自己負担限度額◎

区　　　　　分	負担の上限額（月額）
課税所得690万円（年収約1,160万円）以上	140,100円（世帯）
課税所得380万円（年収約770万円）～課税所得690万円（年収約1,160万円）未満	93,000円（世帯）
市町村民税課税～課税所得380万円（年収約770万円）未満	44,400円（世帯）
世帯の全員が市町村民税非課税	24,600円（世帯）
前年の公的年金等収入金額＋その他の合計所得金額の合計が80万円以下の人等	24,600円（世帯）15,000円（個人）
生活保護を受給している人等	15,000円（世帯）

高額医療合算介護（予防）サービス費とは

　医療保険（健康保険）には、「高額介護合算療養費」という制度がありますが（☞78ページ）、介護保険にも「**高額医療合算介護（予防）サービス費**」という制度があります。

　これは、同じ世帯で医療保険と介護保険の両方を利用している場合に、医療保険と介護保険を合算した年間自己負担額が、世帯単位の限度額を超えるときにはその超えた金額が支給されるというものです。

　計算対象期間は、毎年8月1日から翌年7月31日までの1年間で、しくみは高額介護合算療養費と同様なので、78ページの図を参考にしてください。

共生型サービスのしくみと福祉用具貸与

「共生型サービス」とは

　かつては、障害者が65歳になって介護保険の被保険者となった場合は、使い慣れた障害福祉サービス事業所を利用できなくなる、という問題がありました。

　状態は変わらなくても、慣れている障害福祉サービスから介護保険サービスに切り替えることは、障害者にとって負担になります。

　また、人口が減少するなかで、サービス提供にあたる人材の確保が難しくなる、などの課題もあります。

　そこで、2017年（平成29年）の介護保険法改正で、高齢者と障害児者が同一の事業所でサービスを受けやすくなる「**共生型サービス**」が新たに位置づけられ、2018年（平成30年）4月から実施されています。

　共生型サービスの対象となるサービスは、「ホームヘルプサービス」「デイサービス」「ショートステイ」などです。

◎共生型サービス事業所の役割◎

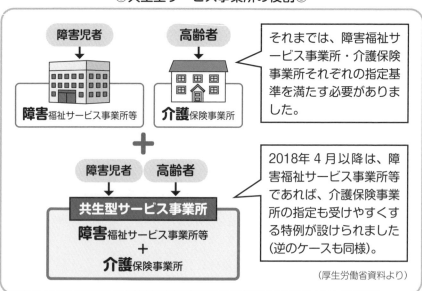

それまでは、障害福祉サービス事業所・介護保険事業所それぞれの指定基準を満たす必要がありました。

2018年4月以降は、障害福祉サービス事業所等であれば、介護保険事業所の指定も受けやすくする特例が設けられました（逆のケースも同様）。

（厚生労働省資料より）

福祉用具の貸与価格の見直し

　かつて福祉用具の貸与については、同じ用具であっても、業者によって値段に差がありました。そこで、2017年（平成29年）の介護保険法改正では、これらの見直しを行なったうえで、利用者が適正な価格で借りられるようになりました。

　具体的には、国が商品ごとに全国平均の貸与価格を公表しており、貸与する業者は、全国平均の貸与価格と設定価格の両方を提示し、利用者へ説明することになります。

◎福祉用具の貸与価格が決まるしくみ◎

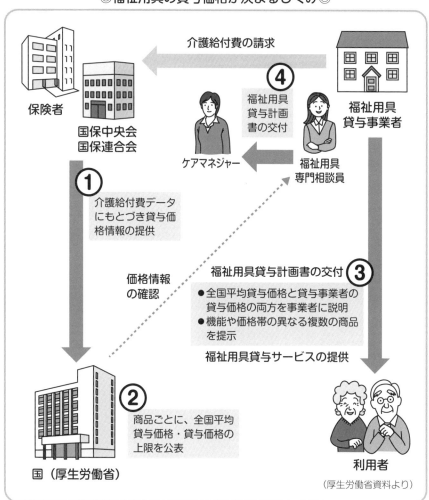

介護給付費の請求

保険者

国保中央会
国保連合会

④ 福祉用具
貸与計画
書の交付

ケアマネジャー

福祉用具
貸与事業者

福祉用具
専門相談員

① 介護給付費データにもとづき貸与価格情報の提供

価格情報
の確認

福祉用具貸与計画書の交付 ③
● 全国平均貸与価格と貸与事業者の貸与価格の両方を事業者に説明
● 機能や価格帯の異なる複数の商品を提示

福祉用具貸与サービスの提供

② 商品ごとに、全国平均貸与価格・貸与価格の上限を公表

国（厚生労働省）

利用者

（厚生労働省資料より）

介護納付金における総報酬割の導入

2020年度に全面、総報酬割に

　2017年（平成29年）の介護保険法改正により、所得に応じて保険料が算出される「総報酬割」制度が導入されました。

　それまでは、40〜64歳の現役世代が負担する第2号被保険者の保険料は、加入する医療保険の加入者数に応じて負担する介護納付金が一定額に決められている「加入者割」でした。しかしこの制度では、所得の低い人ほど相対的に保険料の負担が大きくなることが問題であったことから、負担能力に応じた負担とする趣旨より、介護納付金についても加入者の報酬に応じた「総報酬割」が導入されました。

◎介護納付金のしくみと総報酬割◎

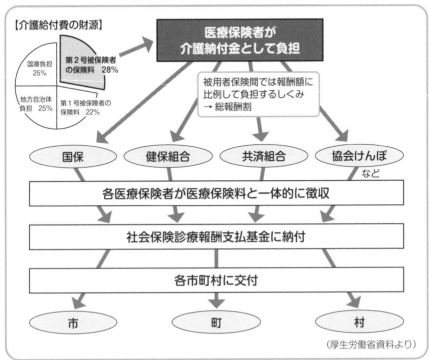

（厚生労働省資料より）

50 2021年からの取扱い

縦割りではなく一体的に支援していこう

地域包括支援センターの役割の強化

2021年（令和3年）に改正された主な項目は以下のとおりです。

● 地域住民の複雑化・複合化した支援ニーズに対応する市町村の包括的な支援体制の構築の支援

● 認知症施策や介護サービス提供体制の整備など

● 医療・介護データ基盤の整備

● 介護人材確保・業務効率化に向けた取り組みの強化

● 社会福祉連携推進法人の創設

また、地域包括支援センターの役割の強化も盛り込まれました。

「8050問題」（80代の親と50代の子どもの世帯が多いことから8050問題と名づけられた）に代表されるように、地域の問題が複雑化・複合化するなか、高齢者、障がい者、子ども、生活困窮者などの相談窓口を一本化することで、より包括的な支援を可能にしようというものです。

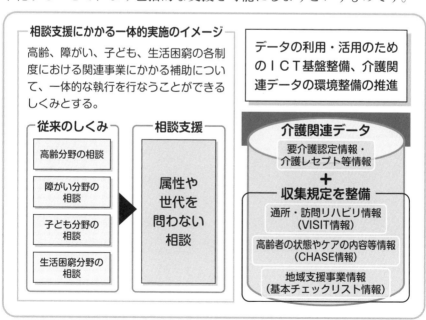

相談支援にかかる一体的実施のイメージ

高齢、障がい、子ども、生活困窮の各制度における関連事業にかかる補助について、一体的な執行を行なうことができるしくみとする。

従来のしくみ
- 高齢分野の相談
- 障がい分野の相談
- 子ども分野の相談
- 生活困窮分野の相談

相談支援
属性や世代を問わない相談

データの利用・活用のためのICT基盤整備、介護関連データの環境整備の推進

介護関連データ
要介護認定情報・介護レセプト等情報
＋
収集規定を整備
通所・訪問リハビリ情報（VISIT情報）
高齢者の状態やケアの内容等情報（CHASE情報）
地域支援事業情報（基本チェックリスト情報）

サービスの質の向上と制度の透明性をめざす

介護サービスの質の向上と効率化に重点を置く

2024年（令和6年）に予定されている介護保険制度の改正では、「サービスの質の向上」と「制度の透明性」をめざすこととされています。

主な改正内容は、以下のとおりです。

①介護予防支援事業所の拡充

介護予防支援について、地域包括支援センターだけではなく、居宅介護支援事業所においても、市区町村からの指定を受けて実施できるようになります。

②財務状況の透明化

介護サービス事業所には、財務状況の報告が義務づけられます。

③科学的介護情報システム（LIFE）の活用

科学的介護情報システム（LIFE）によって、収集・分析した結果をフィードバックすることで、介護事業所などはPDCAサイクルを円滑に回しながら、介護の質の向上をめざすものです。

④文書負担の軽減

介護報酬の加算申請の標準様式化が進みます。

一方で、当初見込まれていた以下の改正案は見送られ、現行の制度が維持されることになりました。

● 利用者負担の増加：サービス利用料の自己負担割合が2割となる人の対象範囲の拡大は見送られました。

● 特定サービスの見直し：要介護1と要介護2の総合事業への移行や、ケアプランの有料化などは見送られました。

2024年の改正は、介護サービスの質の向上と効率化に重点を置きつつ、利用者の負担軽減にも配慮されたものとなっています。

PART4

公的年金のしくみは
こうなっている

年金制度は
よく改正されるので
シッカリ理解して
おきましょうね

日本の年金制度はどのように変わってきたか

年金制度が確立したのは戦後のこと

「年金はむずかしい！」こんな声をよく耳にします。年金制度はよく改正されますが、たとえ変わっても、昔の法律等で支払うことを保障した「お約束」が多く残っているのがその理由です。

「**年金**」は、長生きなどのリスクに対する生活費の保障のために、徴収した保険料等をもとに支給されるものです。新しい法律ができたからといって、「あしたからあなたの年金は出ません！」などとなれば、多くの年金受給者が路頭に迷うことになります。ですから、昔に約束したことは守る。仮に変えるとしても、これからの生活に影響が少ないように配慮する必要があります。

したがって、1986年（昭和61年）に大改正がありましたが、この新年金制度による老齢基礎年金等の対象となるのは、大正15年4月2日以降生まれの人に限られました。

日本の年金制度には、長い歴史があります。そこで、ここでちょっと年金制度の歴史についてみておきましょう。

まず、1875年（明治8年）に恩給制度が開始され、1939年（昭和14年）には船員保険法が制定されました。船員など海上労働者を対象にして年金制度が制定されたわけです。つまり、日本で年金制度が始まったのは戦前のことです。

1942年（昭和17年）には、男性の工場労働者を対象とした労働者年金保険法が制定されます。その後、1944年（昭和19年）6月に**厚生年金保険法**が制定され、ホワイトカラーの労働者や女性にも対象が拡大されました。そして、1961年（昭和36年）4月1日から**国民年金法**が施行され、日本の年金制度は「**国民皆年金**」制度となりました。

その当時の年金制度は、自営業者や自由業の人、農業をしている人、学生・専業主婦などが加入する「国民年金」、会社員が加入する「厚生

◎日本の年金制度のおもな歴史◎

	事　　項	おもな内容
1875年 （明治8年）	恩給制度の開始	軍人・官吏を対象とした恩給制度
1939年 （昭和14年）	船員保険法の制定	船員など海上労働者を対象にした年金制度ができる
1942年 （昭和17年）	労働者年金保険法の制定	男性の工場労働者が対象
1944年 （昭和19年）	厚生年金保険法の制定	ホワイトカラー、女性にも対象拡大
1961年 （昭和36年）	国民年金法の制定	国民皆年金となる
1986年 （昭和61年）	新・国民年金法の制定 新・厚生年金保険法の制定	●2階建て・3階建てとなる制度へ ●被用者年金制度の被扶養配偶者も国民年金に強制加入となる

年金保険」、公務員等が加入する「共済年金」など、バラバラのしくみでした。また、学生や専業主婦など被用者年金制度の被扶養配偶者については、任意加入となっており、専業主婦は年金がもらえないしくみでした。そこで、1986年（昭和61年）4月1日より年金制度の大改革が実施され、新制度に移行しました。

　日本国内に住所を有する20歳以上60歳未満の人は、原則として全員が国民年金に加入しなければならなくなりました。任意加入であった国民年金の第2号被保険者の被扶養配偶者についても強制加入となり、専業主婦でも国民年金が受給できるようになりました。

　2020年（令和2年）5月には、「年金制度の機能強化のための国民年金法等の一部を改正する法律」が成立し、さらに改革が進められています。

年金制度は平成になってから改正の連続

年金制度の課題はエンドレス?!

　1986年（昭和61年）に、全国民で支えあう新しい年金制度ができました。年金制度は、国民がお金を出し合って支えあうシステムです。

　最近は、少子化による人口の急速な減少、高齢化、高齢者や女性の就業の増加、多様な働き方などにより社会情勢が大きく変化しています。

　年金制度の持続のために幾度も改正が行なわれており、近年では、2012年（平成24年）に「社会保障と税の一体改革」として「社会保障制度改革推進法」、2016年（平成28年）に「年金改革法」が成立しました。

　また、2020年（令和2年）6月には、「年金制度の機能強化のための国民年金法等の一部を改正する法律」が公布され、①被用者保険（厚生年金保険・健康保険）の適用拡大、②在職中の年金受給のあり方の見直し（在職老齢年金制度の見直し、在職定時改定の導入）、③受給開始時期の選択肢の拡大、④確定拠出年金の加入可能要件の見直し等が実施されました。

【すでに施行されたもの】

時　期	主な改正内容
2002年	●60歳台後半の在職老齢年金制度の導入 ●厚生年金保険の被保険者の対象年齢引上げ（65歳→70歳）
2003年	●総報酬制の導入（特別保険料の廃止）
2004年	●年金財政安定をめざすことを目的として年金制度の大改正 ●保険料水準固定方式による厚生年金保険料の引上げ開始 ●物価スライド特例措置による年金額の創設 ●障害基礎年金と老齢厚生年金との併給制度創設
2005年	●保険料水準固定方式による国民年金保険料の引上げ開始 ●育児休業中の保険料免除期間の拡充（1歳未満→3歳未満） ●第3号被保険者の特例届出制度の創設

2007年	● 離婚時の年金分割制度（裁判等の合意による分割）の導入 ● 若年者の妻に対する遺族厚生年金の見直し ● 中高齢寡婦加算の支給対象の見直し ● 老齢厚生年金の繰下げ制度の導入 ● 70歳以上の被用者の老齢厚生年金の支給調整の創設
2008年	● 離婚時の第3号被保険者の年金の強制分割制度の導入
2009年	● 基礎年金の国庫負担割合を2分の1に引上げ ● ねんきん定期便の発送開始
2014年	● 遺族基礎年金の父子家庭への支給開始 ● 厚生年金・健康保険等について、産休期間中の保険料免除制度の開始
2015年	● 厚生年金の一元化 ● 公務員および私学教職員も厚生年金に加入し、いわゆる年金制度の2階部分は厚生年金に統一 ● 共済年金・厚生年金の保険料率（上限18.3%）を統一 ● 職域部分の廃止
2016年	● 短時間労働者に対する厚生年金・健康保険の適用拡大
2017年	● 年金の受給資格期間を25年から10年に短縮
2018年	● 年金額の改定ルールの見直し
2019年	● 国民年金第1号被保険者の産前産後期間の保険料免除
2020年	● 年金制度改革関連法成立（2022年4月より順次施行）
2021年	● 寡婦年金制度における支給除外要件の変更 ● 脱退一時金制度の見直し
2022年	● 社会保険の適用拡大（10月より101人以上に） ● 在職中の年金受給のあり方の見直し ● 繰下げ受給の上限年齢の引上げ ● 確定拠出年金の加入可能要件の見直し
2024年	● 社会保険の適用拡大（10月より51人以上に）

"2階建て"、総報酬制とは何か

2015年10月から共済年金は厚生年金保険に一元化

　1986年（昭和61年）から始まった新年金制度では、全国民共通の制度として「**国民年金**」があり、全員が**基礎年金**をもらえるしくみになっています。

　また、国民年金に上乗せする形で、会社員・公務員等を対象とした「**厚生年金保険**」があり、自営業者など第1号被保険者の上乗せ制度として「**付加年金**」（☞166ページ）や「**国民年金基金**」などもあります。

　建物でたとえると、全国民に対して支給される基礎年金（国民年金）が1階部分、その上乗せである2階部分として、厚生年金保険などが支給されます。

　2015年（平成27年）10月から共済年金は厚生年金保険に一元化され、共済年金で独自に行なわれていた3階部分の「職域加算」が廃止されました。

◎日本の年金制度のしくみ◎

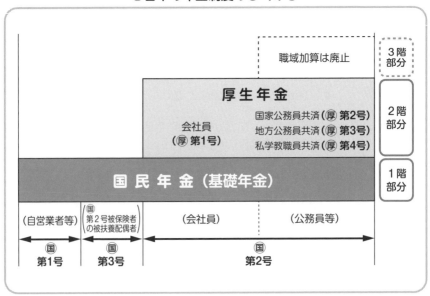

　また、年金を受給できるか否かの基準も基本的な部分は統一されており、老齢基礎年金がもらえない人は、上乗せである老齢厚生年金ももらえないしくみとなっています。

総報酬制の導入で年金計算は分けて計算することに

　厚生年金保険では、2003年（平成15年）4月に「総報酬制」が導入されました。

　総報酬制の導入前は、賞与については、低率の特別保険料の徴収はされるものの、年金額には反映されないしくみでした。年金額の算定対象となるのは、月給を基礎とする標準報酬月額の部分のみで、厚生年金（報酬比例部分）については、平均標準報酬月額を基礎として年金額が算定されていたのです。

　総報酬制の導入後は、月給を基礎とする標準報酬月額と賞与を基礎とする標準賞与額について、同じ保険料率をかけて保険料を徴収するとともに、標準賞与額も年金額の基礎に含め、平均標準報酬額を基礎として年金額を算定するしくみに変わりました。

　この総報酬制の導入にともなって、2003年（平成15年）4月以降の年金額とそれ以前の年金額は、別々に計算することになりました。

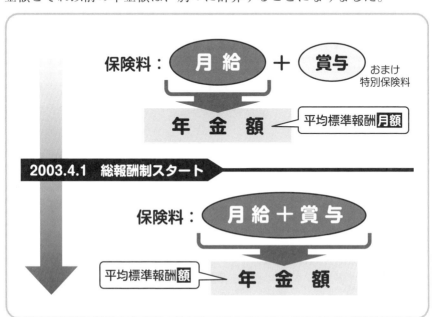

自分が加入している年金を知っておこう

年金給付は老齢・障害・遺族の3種類

　公的年金には、被保険者の長生きをした際のリスクを保障する「**老齢給付**」、被保険者の心身に障害が残った場合に支給される「**障害給付**」、そして被保険者が死亡した際に遺族に支給される「**遺族給付**」の3つがあります。それぞれ、1階部分として基礎年金、2階部分として厚生年金が支給されます。

　年金には、"**1人1年金**"という原則があります。2つ以上の年金が支給される場合には、すべての年金を一度支給停止にして、もらう人に希望する年金を選択してもらったうえで支給停止の解除を行ないます（選択変更は自由にできます）。

　また、老齢・障害・遺族年金など同じ支給事由の年金については、2階建てとしてもらうのが原則です。たとえば、支給事由が同じである老齢基礎年金と老齢厚生年金を同時にもらうといった具合です。

　ただし例外があり、65歳以上の場合には、障害基礎年金と老齢厚生年金など、支給事由が違う組み合わせでももらえるケースがあります。

同月内に厚生年金と国民年金が重なる場合

　年金保険料は、日割り計算をされず、月単位の納付となりますが、月中に会社を退職して厚生年金を資格喪失し、同じ月に国民年金に加入する場合は、厚生年金の保険料納付は不要となり、国民年金の保険料のみ納付となります。2015年（平成27年）10月前までは、このケースではいずれの保険料も納付する必要があり、その分、年金として支給されるしくみとなっていました。

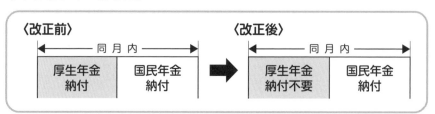

このようなケースでは、該当する社員が在籍していた会社宛てに年金事務所より連絡がいく流れとなっているようです。

健康保険については、このようなしくみはないので、月中に国民健康保険に加入する場合も、健康保険料（介護保険料）の納付が必要です。

◎年金のおもな受給パターン◎

	老齢給付	障害給付	遺族給付
年金の種類	老後の生活（長生きのリスク）を保障する	一定以上の障害が心身に残った場合の生活費を保障する	働き手が亡くなったときに残された遺族の生活を保障する
【自営業者・自由業者など第1号被保険者】			
国民年金	老齢基礎年金（付加給付）	障害基礎年金（1級・2級）	遺族基礎年金（寡婦年金）（死亡一時金）
【会社員・公務員・私学教職員など第2号被保険者】			
厚生年金	老齢厚生年金	障害厚生年金（1級・2級・3級）（障害手当金）	遺族厚生年金
国民年金	老齢基礎年金	障害基礎年金（1級・2級）	遺族基礎年金

65歳以上であれば、選択可能な組み合わせ（例外）

遺族厚生年金	老齢厚生年金	遺族厚生年金
老齢基礎年金	障害基礎年金（1級・2級）	障害基礎年金（1級・2級）

第1号・第2号・第3号被保険者って何？

会社勤めをしている人は第2号被保険者に該当

　日本国内に住む20歳以上60歳未満の人には、国民年金の加入義務があります。この国民年金の強制加入となる被保険者は、次の3つに分かれます。

①第1号被保険者

　下記の第2号被保険者、第3号被保険者に該当しない、日本国内に住所を有する20歳以上60歳未満の人。具体的には、自営業者・自由業者のほか、農業や漁業を営む人、国会議員、学生等とその配偶者など。なお、国籍要件はないため、外国人でも日本に住所を有していれば、加入が義務づけられます。

②第2号被保険者

　被用者年金制度に加入している人。会社員など民間企業に勤務している厚生年金保険の被保険者や公務員・私立学校の教職員など共済組合の組合員等が該当します。

③第3号被保険者

　国民年金の第2号被保険者に扶養されている配偶者であって、20歳以上60歳未満である人。認定基準は健康保険の被扶養者と同じです。

　国民年金の加入期間は、**20歳から60歳までの40年間**を原則としています。したがって、第1号被保険者と第3号被保険者には年齢制限があり、加入義務があるのは、20歳以上60歳未満の人ということになります。第2号被保険者については、年齢制限はありませんが、国民年金の被保険者として扱われるのは原則65歳までとされています。

　第3号被保険者は、第2号被保険者の被扶養配偶者でなければ、第3号被保険者としての資格を失うので注意が必要です。

◎国民年金の種別変更が必要な場合◎

種別変更	例	手続きする人	手続先
第1号→ 第2号	自営業者や学生等が、会社員、公務員等になった場合	勤務先	年金事務所・共済組合等
第1号→ 第3号	自営業者や学生等が、第2号被保険者の被扶養配偶者になった場合	被保険者の勤務先	年金事務所・共済組合等
第2号→ 第1号	会社員、公務員等が、自営業者等になった場合	本　人	市区町村役場の国民年金の窓口
第2号→ 第3号	会社員、公務員等が、第2号被保険者の被扶養配偶者になった場合	被保険者の勤務先	年金事務所・共済組合等
第3号→ 第1号	第3号被保険者の配偶者が退職して第2号被保険者でなくなった場合	本　人	市区町村役場の国民年金の窓口
第3号→ 第2号	第2号被保険者の被扶養配偶者が、会社員、公務員等になった場合	勤務先	年金事務所・共済組合等

◎国民年金の加入対象者と保険料等◎

	自営業者、農業従事者、学生、失業者など	会社員、公務員など被用者年金制度加入者	被用者年金制度加入者の被扶養配偶者
加入対象者	第1号被保険者	第2号被保険者	第3号被保険者
	右記以外	厚生年金保険の被保険者、共済組合等の組合員	第2号被保険者の被扶養配偶者
保 険 料	国民年金保険料	なし （厚生年金保険料を原資とする基礎年金拠出金からまかなう）（☞45ページ）	
国籍要件	なし		

保険料は何年納めれば年金を受給できるのか

受給資格期間は10年以上必要

国民年金の老齢基礎年金も、厚生年金保険の老齢厚生年金も、もらうためには、「**受給資格期間**」を満たす必要があります。

この受給資格期間は、2017年（平成29年）7月までは、原則として「25年以上」でしたが、2017年8月より「**10年以上**」に短縮されました。

◎受給資格期間が短縮された◎

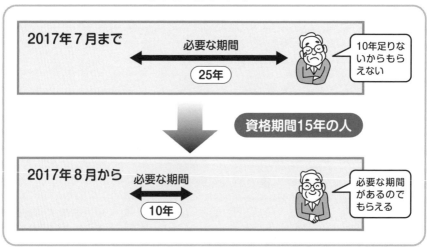

2017年7月まで　必要な期間　25年　10年足りないからもらえない

資格期間15年の人

2017年8月から　必要な期間　10年　必要な期間があるのでもらえる

受給資格期間が短縮されたのは、無年金者を減らすことと、納付した年金保険料を極力、給付額に結びつけるようにしたいという狙いがあったようです。

この受給資格期間の短縮により、新たに64万人が年金受給権を得たといわれています。

「資格期間」とは

上図にある「資格期間」とは、次にあげる保険料納付済期間や保険料免除期間、合算対象期間などのすべてを合計した期間をいいます。

- 国民年金の保険料を納めた期間や免除された期間
- 会社員などの期間で、船員保険を含む厚生年金保険や共済組合等の加入期間
- 年金制度に加入していなくても、資格期間に加えることができる期間（「カラ期間」と呼ばれる合算対象期間）

　なお、受給資格期間が25年から10年に短くなったからといって、年金保険料は10年納付すればいいのだ、ということではないため注意が必要です。

　たとえば、20歳から60歳までの40年間、国民年金保険料を納めた場合、もらえる老齢年金は満額となり、年額で約80万円弱です。

　もらえる年金の額は、保険料を納めた期間に比例することになっているので、もし保険料を10年しか納めていなかった場合は、満額の4分の1、つまり年額で約20万円弱しかもらえないことになります。

　厚生年金に加入している場合は、国民年金額に上乗せされます。平均の支給月額は、国民年金と厚生年金を合わせて、男性は約16.6万円、女性は約10万円とのデータが出ています。女性はこれまで、結婚を機に会社を退職する人が多かったため、厚生年金の加入期間が短いことから、受給額の低さにつながっていると考えられます。

知っトク！　合算対象期間（カラ期間）

　任意加入できるのにしなかった期間など、老齢基礎年金の受給資格期間の計算に入れるが、年金額には反映されない期間のこと。年金額に反映されないため、「カラ期間」とも呼ばれます。

　なお、老齢基礎年金は20歳以上60歳未満の40年間で満額の年金がもらえます。第1号および第3号被保険者との加入期間の均衡を図るために、20歳未満・60歳以後の第2号被保険者期間は、合算対象期間として取り扱われます。

条件を満たせば国民年金に任意加入できる

日本の年金制度から給付を受けたければ任意加入を

日本国民であっても、日本国内に住所がなく、海外で暮らしている場合は国民年金の加入義務はありません。

しかし、一時的に海外で過ごしているだけで将来は日本で暮らしたい、あるいは、いままで保険料を納めてきたので日本の年金制度から給付を受けたい、と考える人もいます。

そこで、このような人のうち、一定の条件を満たす場合には、国民年金に任意加入できる制度があります。

任意加入によって国民年金の被保険者になれるのは、次の条件のいずれかを満たす人です。

①被用者年金制度の老齢（退職）給付等を受けることができる20歳以上60歳未満の人
②日本国内に住所がある60歳以上65歳未満の人
③日本国内に住所のない20歳以上65歳未満の日本国民等
④昭和40年4月1日以前に生まれた人で、老齢基礎年金の受給資格期間を満たしていないために、年金がもらえない人のうち、70歳に達するまでの期間を納めれば、老齢基礎年金をもらえるようになる人（特例による任意加入）

なお、任意加入する被保険者は、国民年金の第1号被保険者と同様、国民年金の保険料を納めることとなります。

◎国民年金の任意加入、特例任意加入のしくみ◎

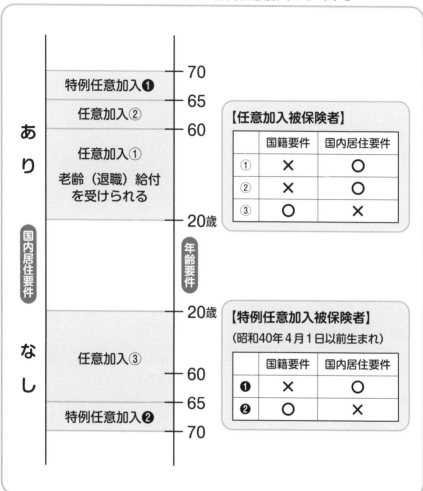

【任意加入被保険者】

	国籍要件	国内居住要件
①	✕	◯
②	✕	◯
③	◯	✕

【特例任意加入被保険者】
（昭和40年４月１日以前生まれ）

	国籍要件	国内居住要件
❶	✕	◯
❷	◯	✕

知っトク！

任意加入する目的

　国民年金に任意加入する目的は、おもに「老齢基礎年金の受給額を増やす」「老齢基礎年金をもらえるようにする」の２つです。老齢基礎年金を受給するためには、原則10年間の受給資格期間が必要です。左ページ④の特例による任意加入については、「老齢基礎年金をもらえるようにする」場合のみ、加入が認められています。

59 国民年金保険料の免除制度①

保険料が払えないときはどうしたらいい？

手続きをすれば免除制度等が利用できる

経済的な事情等により、**保険料の納付が困難**な場合もあるでしょう。そこで、そんな事情に配慮して、第1号被保険者については、国民年金保険料の**免除制度**および**納付猶予制度**が設けられています。

保険料の滞納と違い、免除や納付猶予の期間は年金をもらえる条件の受給資格期間の算定対象となったり、年金額の算定対象となることがあります。2014年4月からは、過去2年（2年1か月前）までさかのぼって申請できるようになっています。きちんと手続きしておきましょう。

国民年金制度は、お金がある人・ない人に関係なく、同じ**定額の保険料**を負担します。そこで、第1号被保険者それぞれの保険料の負担能力にあわせて、保険料を負担してもらうしくみとして、現在は**4段階の免除制度**となっています。

学生は任意加入から強制加入に

学生については、新しい国民年金法が制定された1986年（昭和61年）以降しばらくは**任意加入**とされていましたが、1991年（平成3年）4月より、20歳以上の学生も**強制加入**となりました。

しかし、申請免除制度（☞130ページ）は、収入のない学生や若年者であっても、世帯主である親等の収入が多ければ、保険料の免除を受けることができず、結果として、親が保険料を肩代わりするケースがほとんどでした。そこで、2000年（平成12年）4月に「**学生納付特例制度**」ができました。

20代なら納付猶予制度がある

バブル崩壊後、雇用情勢が不安定となり、学校を卒業しても就職難で仕事がない若者やニート、フリーターなどといった低所得の若者が多数いることが社会問題となりました。

これを受けて、2005年（平成17年）4月に「**若年者納付猶予制度**」が創設され、2025年6月まで延長されています。

◎国民年金保険料の免除制度の変遷◎

2000年4月

学生納付
特例制度

2002年4月

半額免除
制度

2005年4月

若年者納付
猶予制度

2006年4月

多段階免除
制度

2009年4月

国庫負担分
の引上げ

国民年金保険料の免除制度

　国民年金保険料の免除制度は、経済的に困難な状況にある人々を支援するために設けられています。この免除制度の要件には、生活保護の生活扶助を受けている人や、国立ハンセン病療養所での療養者、所得が一定基準以下の人なども含まれます。

　詳細については、右のQRコードから確認することができます。

免除・猶予制度のしくみと利用のしかた

免除制度には２種類ある

国民年金保険料の免除制度には、「**法定免除**」と「**申請免除**」の２つがあります。

●法定免除

生活保護を受けている人、障害基礎年金を受給している障害者などは、保険料が全額免除されます。免除を受けるためには、市区町村の国民年金の窓口に届出が必要となります。

●申請免除（多段階免除）

経済的理由等の事由により、保険料を納めることが困難なときは、本人の申請により、保険料の全部または一部を免除する制度です。市区町村の国民年金の窓口に申請を行なう必要があり、「全額免除」「４分の３免除」「半額免除」「４分の１免除」の４種類があります。

なお、申請免除に該当するか否かは、世帯収入（本人・配偶者・世帯主）で判断することになっています。

納付猶予制度は学生、若年者に適用される

納付猶予制度は、本人の所得のみで判断する点が大きな特徴です。

●学生納付特例制度

学生証等を持参のうえ、市区町村の国民年金の窓口に申請をすれば、申請した年度の４月から翌年３月までの保険料の納付が猶予されます。ただし、申請は毎年必要です。

●若年者納付猶予制度

20代で一定以下の所得の低い若年者が対象で、市区町村の国民年金の窓口に申請をすれば、申請した年度の７月から翌年６月までの保険料の納付が猶予されます。

免除制度・納付猶予制度の利用で知っておくこと

申請免除や若年者納付猶予制度の所得の判断については、退職して仕事がない、あるいは自営業者などの事業の休止・廃止、災害により一定

免除制度では、国庫負担分
は年金額に反映する

平成21年度から
国庫負担は1/3
から1/2に

◎保険料免除制度の承認期間と給付への影響等◎

| | 承認期間 | 老齢基礎年金額 | | 免除基準対象者 |
		（＊１）	（＊２）	（＊３）
法定免除	免除基準に該当する期間	1/3	1/2	本
全額免除	７月～翌年６月	1/3	1/2	本・世・配
３／４免除	７月～翌年６月	1/2	5/8	本・世・配
半額免除	７月～翌年６月	2/3	3/4	本・世・配
１／４免除	７月～翌年６月	5/6	7/8	本・世・配
学生納付特例	４月～翌年３月	×	×	本
若年者納付猶予	７月～翌年６月	×	×	本・配

（＊１）2009年３月以前の免除期間　　（＊２）2009年４月以後の免除期間
（＊３）本＝本人、世＝世帯主、配＝配偶者

すべて年金の受給資格期間
の計算については含まれる

「出世払い」の納付猶予制
度では、年金額に反映され
ない

以上の被害を受けた場合には、申請手続きの際に、雇用保険の離職票、
受給資格者証等の証明書類を持参すれば、特例措置として、**本人の所得
を審査対象から除外する措置**がとられます。

　また、申請免除と若年者納付猶予制度には「**継続免除制度**」があり、
被保険者が希望すれば、次年度以降は免除申請をしなくても、引き続き
免除審査をする等、手続きが簡素化されています。

　なお、免除・納付猶予をした期間の保険料は、申請をすると追加で納
付できる追納制度があります。通常、保険料の納付が可能なのは２年１
か月間ですが、追納の場合は、10年間のうちに納付すればよいものとな
っています。ただし、３年以内に追納しないと、保険料に加算金が上乗
せされるので注意が必要です。保険料を滞納すると、障害年金などを受
給したいときに要件を満たさず受給できない、というケースもあります。
保険料の納付が苦しいときは、滞納せず「免除申請」を利用しましょう。

61 公的年金のしくみ

老後にはどんな年金をもらえるのだろう

60歳〜65歳は特別支給の老齢厚生年金

　老後になったら、どんな年金がいくらもらえるのかは、誰でも気になるところです。厚生労働省で公表している厚生年金のモデル年金は、「夫婦でいくら」という形で金額が設定されています。そこで、夫婦が老後にもらえる年金の種類を図で示すと次のようになります。

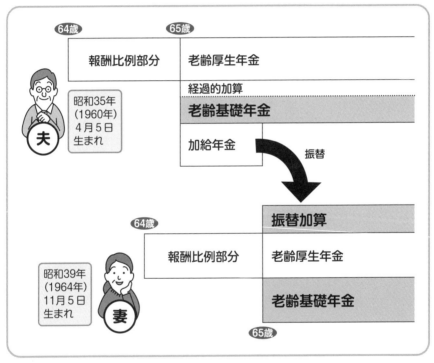

　夫、妻いずれも60歳台前半にもらえる年金は「**特別支給の老齢厚生年金**」といい、これは、月々の給料等の額に比例して支給される老齢厚生年金の「**報酬比例部分**」です。65歳から支給される「**本来支給の老齢厚生年金**」と同じしくみで支給されます。

65歳から受給できる老齢年金の種類は

　65歳から支給される老齢年金は、次のとおりです。

【厚生年金保険から支給されるもの】

● （本来支給の）老齢厚生年金

月々の給料等の額に比例して支給される老齢厚生年金です。

● 経過的加算

60歳台前半に支給される「特別支給の老齢厚生年金」の定額部分は、65歳になると老齢基礎年金に移行しますが、20歳未満60歳以上の第2号被保険者期間が合算対象期間とされる等、その他いくつかのしくみの違いにより、老齢基礎年金が定額部分の年金額より低くなってしまうことがあります。そこで、年金の総額が下がることがないように、差額分を補てんするために厚生年金保険から「経過的加算」が支給されます。

● 加給年金

「本来支給の老齢厚生年金」とセットで支給される年金版の扶養手当で、妻が65歳になるまで支給されます。

【国民年金から支給されるもの】

● 老齢基礎年金

特別支給の老齢厚生年金の定額部分に対応する給付です。

● 振替加算

妻は、本人が65歳になると老齢基礎年金を受給することができますが、一方で夫に加算されていた加給年金がなくなるので、その加給年金を振り替えて加算されるものです。

高齢化によって増加する年金給付

年金は、現役世代が納める保険料（収入）と年金給付金（支出）のバランスの上に成り立っていますが、少子高齢化が進み、保険料を支払う若い世代が減り、年金を受け取る高齢者が増えています。

消費税率がアップした分は、年金の財源にも使われており、日本の年金制度は国民が支出したお金で支えられています。

しかし、年金を含む社会保障費は高齢化が進むにつれて今後さらに増えていく見込みです（政府の調べによれば、年金を含む社会保障費は1980年が約25兆円、2016年は約118兆円、そして2025年には約149兆円に増える見込み）。

老齢基礎年金はどのくらいもらえるのか

保険料を40年（480か月）納付すれば満額を受給できる

老齢基礎年金は、次の要件を満たす者が65歳に達したときに支給されます。

①**保険料納付済期間または保険料免除期間を有していること**

②**受給資格期間を満たしていること**

老齢基礎年金は、10年間の受給資格期間があれば受給できますが、保険料を40年間（480か月）納付すると、満額の年間約80万円弱の受給となります。受給額は、保険料納付期間に比例するので、10年間納付した場合の1年間にもらえる年金額は約20万円弱となります。

なお、保険料免除期間については、保険料を支払った分と国庫負担された部分が年金額の計算の基礎となります。つまり、平成21年（2009年）4月以降にかかる保険料半額免除期間の場合は、給付に要する費用の2分の1を国庫負担するとされているので、1か月分を国庫負担として算定される2分の1と半額分の保険料4分の1を足した「4分の3か月分」が老齢基礎年金の算定対象となります。なお、平成21年3月までの期間に関する国庫負担は、3分の1とされています。

また、合算対象期間のほか、学生納付特例制度および若年者納付猶予制度の期間については、年金額の算定対象とはなりません。

◎半額免除の場合の年金額の考え方◎

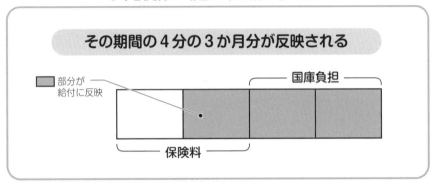

その期間の4分の3か月分が反映される

部分が給付に反映

国庫負担

保険料

◎老齢基礎年金はこのように計算される◎

①保険料納付期間（480月）がすべて保険料納付済みの場合

$$780,900円 × 改定率$$

平成12年改正時の満額の年金額804,200円に物価スライド率をかけた額に満たない場合は、従前額保障として、その額を支給する特例措置があります。

②保険料納付済期間が480月に満たない場合

$$780,900円 × 改定率 × \frac{保険料納付済期間・免除の種類に応じた算定式（※）}{480}$$

（※）保険料納付済期間・免除期間の種類に応じた算定式（平成21年4月1日以降）

| 保険料納付済期間 | ●保険料納付済期間の月数 |

保険料免除期間	●保険料4分の1免除期間の月数
	●保険料半額免除期間の月数
	●保険料4分の3免除期間の月数
	●保険料全額免除期間の月数

| | 学生納付特例期間・若年者納付猶予期間の月数 |

| 合算対象期間 | ●合算対象期間の月数　×0 |

年金はいつからもらえるのか

原則は65歳からの支給開始

会社員は、厚生年金第1号被保険者となります。厚生年金保険から支給される老齢厚生年金も、国民年金から支給される老齢基礎年金も、法律上は65歳から支給開始となります。

しかし、日本の一般企業における定年は60歳となっているところがほとんどです。急に「65歳まで年金はもらえません」となると、5年間の生活に困ってしまいます。また、旧法では「厚生年金保険は60歳から支給する」という約束があり、この"過去にしたお約束"を簡単に破ることはできません。

そこで国は、法律で65歳まで働ける環境づくりを進めるとともに、経過措置として、60歳台前半から特別に老齢厚生年金の支給をすることにしました。この60歳台前半に支給される老齢厚生年金のことを「**特別支給の老齢厚生年金**」というわけです。

「特別支給の老齢厚生年金」は、昭和16年（1941年）4月2日以降生まれの男性（女性の場合は、5年遅れの昭和21年4月2日以降生まれ）から性別・生年月日に応じて、段階的に支給開始年齢を引き上げることとしています。この場合、先に定額部分の支給開始年齢の引上げが行なわれ、次いで報酬比例部分の支給開始年齢の引上げが行なわれます。

知っトク！ **年金受給開始年齢は75歳まで選択可能に**

令和4年（2022年）4月の改正により、年金繰下げ年齢が70歳から75歳に引き上げられたことで、年金の受取りは60歳から75歳まで選択が可能となります。75歳から受給を開始すると、年金月額は84％増えると予測されています。長く働いて長寿をめざし、年金の受取りをうしろ倒しにするとお得になるわけですが、自分の寿命はわからないため、むずかしい判断となりますね。

◎厚生年金第1号被保険者の誕生日別・支給開始年齢◎

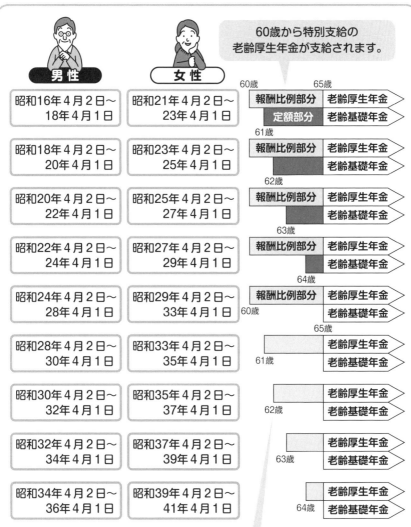

60歳から特別支給の
老齢厚生年金が支給されます。

段階的に特別支給の老齢厚生年金の
支給開始年齢が引き上げられます。

法律上は老齢厚生年金も老齢基礎年金も
65歳から支給開始となっています。

旧共済年金は男女とも同じ支給開始年齢

昭和25年10月2日生まれから老齢厚生年金が支給される

　共済年金制度では、**一般組合員の共済年金は支給開始年齢に男女差は
なく、男女とも厚生年金の男子と同じ支給開始年齢**となりますが、年金
一元化後もこの取扱いは継続されます。

　2015年（平成27年）10月1日からの年金一元化に伴い、65歳になる昭
和25年10月2日生まれの人から、老齢厚生年金が支給開始されています。
一元化後は、職域加算部分は廃止となりますが、**平成27年9月までの
加入期間**については、**報酬比例部分に職域加算を含む**ものとなります。

　また、共済年金の職域加算の廃止により、平成27年10月1日から新た
な公務員等の退職給付の一部として、「**退職等年金給付**」が新設されま
した。退職等年金給付は、65歳から支給開始となり、60歳までの繰上げ
支給または75歳までの繰下げ支給が可能な制度です。

　退職等年金給付の支給形態は、半分は終身退職年金で、もう半分は支
給期間が原則20年の有期退職年金です。有期退職年金については、本人
の希望により一時金または支給期間10年の選択が可能です。

　なお、服務規律維持の観点から、現役時から退職後までを通じた信用
失墜行為に対する支給制限措置が導入されます。

　退職等年金給付
の受給権者が死亡
した場合には、終
身退職年金部分の
支給は終了し、有
期退職年金の残り
は遺族一時金とし
て、遺族に支給さ
れます。

◎退職等年金給付のイメージ◎

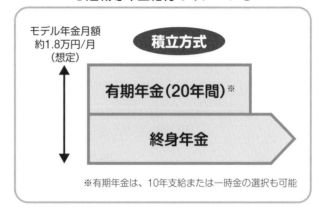

◎一般組合員（2号・3号・4号）の支給開始年齢◎

ともに
男性 **女性**

| 昭和16年4月2日～
18年4月1日 | 60歳　　　　　　65歳
報酬比例部分／退職共済年金
定額部分／老齢基礎年金 |

昭和16年4月2日～
18年4月1日
60歳 65歳
報酬比例部分｜退職共済年金
定額部分｜老齢基礎年金

昭和18年4月2日～
20年4月1日
61歳
報酬比例部分｜退職共済年金
｜老齢基礎年金

昭和20年4月2日～
22年4月1日
62歳
報酬比例部分｜退職共済年金
｜老齢基礎年金

昭和22年4月2日～
24年4月1日
63歳
報酬比例部分｜退職共済年金
｜老齢基礎年金

昭和24年4月2日～
25年10月1日
64歳
報酬比例部分｜退職共済年金
60歳｜老齢基礎年金

昭和25年10月2日～
28年4月1日
65歳
報酬比例部分｜老齢厚生年金
60歳｜老齢基礎年金

昭和28年4月2日～
30年4月1日
65歳
｜老齢厚生年金
61歳｜老齢基礎年金

昭和30年4月2日～
32年4月1日
｜老齢厚生年金
62歳｜老齢基礎年金

昭和32年4月2日～
34年4月1日
｜老齢厚生年金
63歳｜老齢基礎年金

昭和34年4月2日～
36年4月1日
｜老齢厚生年金
64歳｜老齢基礎年金

昭和36年4月2日～
老齢厚生年金
老齢基礎年金
65歳

老齢厚生年金の支給開始

老齢厚生年金はどのくらいもらえるのか

本来支給の老齢厚生年金と特別支給の老齢厚生年金

　老齢基礎年金の受給資格期間を満たしている場合には、支給開始年齢に達したところで、「老齢厚生年金」（本来支給の老齢厚生年金）が支給されます。ただし、60歳台前半に支給される「特別支給の老齢厚生年金」については、厚生年金保険の被保険者期間が1年以上あることが必要となります。この要件は、一元化後、旧共済年金の期間も通算して判断されます。

◎老齢厚生年金の受給要件◎

特別支給の老齢厚生年金	老齢厚生年金
①支給開始年齢に達していること	①65歳以上であること
②1年以上の厚生年金保険の被保険者期間を有すること 旧共済年金期間も通算	②厚生年金保険の被保険者期間を有すること 1か月でもOK
③受給資格期間を満たしていること 　保険料納付済期間＋保険料免除期間（＋合算対象期間）≧ 10年	

　定額部分と報酬比例部分（本来支給の老齢厚生年金）の年金額の計算式は、次のとおりです。

【定額部分】

$$\boxed{\substack{\text{定額単価}\\(1,628円)}} \times \boxed{\substack{\text{改定率}\\(1.875 \times 1.032)}} \times \boxed{\substack{\text{被保険者期間の}\\\text{月数}}}$$

2000年改正時の「定額単価1,676円×改定率×被保険者期間の月数×物価スライド率」で計算した年金額に満たない場合は、従前額保障として、その額を支給する特例措置があります。

【報酬比例部分】（本来支給（65歳以降）の老齢厚生年金）

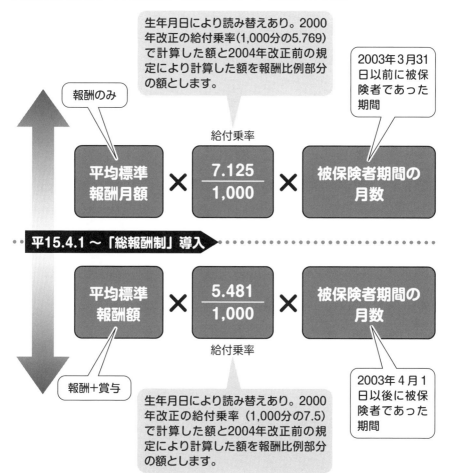

生年月日により読み替えあり。2000年改正の給付乗率（1,000分の5.769）で計算した額と2004年改正前の規定により計算した額を報酬比例部分の額とします。

2003年3月31日以前に被保険者であった期間

報酬のみ

給付乗率

平均標準報酬月額　×　$\dfrac{7.125}{1,000}$　×　被保険者期間の月数

平15.4.1～「総報酬制」導入

平均標準報酬額　×　$\dfrac{5.481}{1,000}$　×　被保険者期間の月数

給付乗率

報酬＋賞与

生年月日により読み替えあり。2000年改正の給付乗率（1,000分の7.5）で計算した額と2004年改正前の規定により計算した額を報酬比例部分の額とします。

2003年4月1日以後に被保険者であった期間

定額部分は40年以上になることがある

　厚生年金第1号被保険者の定額部分（☞前ページ下図）の年金額については、40年で頭打ちとなりますが、共済年金と厚生年金の両方に加入していた厚生年金第2号・3号・4号被保険者（☞169ページ表の「担当する事務」欄を参照）の定額部分の年金額は別々に計算することになっており、合計の定額部分の期間が40年以上になることがあります。

　この取扱いは、一元化後も変更はなく、厚生年金第2号・3号・4号被保険者については、定額部分が40年以上になることがあります。

一元化後の旧職域加算の取扱い

厚生年金第2号・3号・4号被保険者については、一元化後、**職域加算は廃止**されていますが、**2015年（平成27年）9月までの共済組合の加入期間**については、**旧職域加算として、一元化後も支給**されます。

職域加算の年金額の計算は、給付乗率以外は、報酬比例部分の計算と同様で、給付乗率については、在職20年以上で報酬比例部分の2割増、在職20年未満で1割増程度になるように決まっています。

なお、旧職域加算についても従前額保障の制度があり、昭和13年4月2日以降生まれの旧共済組合の組合員については、本来水準と従来額保障を比較して高い金額が支給されます。

老齢厚生年金の決定方法

次の3つの額のうち、一番多いものが支給されます。
①本来支給の計算式（140～141ページ記載の算定式）
②2000年（平成12年）改正における従前額保障
③2004年（平成16年）改正で決まった物価スライド特例措置

知っトク！　もらえる年金はどれくらい？

老齢厚生年金は、老齢基礎年金に上乗せして支給されますが、基礎年金と違い、どれだけ保険料を納めたかによって受け取る年金額も変わってきます。年収が高い人ほど高い保険料を払ってきているので、その分、老後に受け取れる年金も大きくなります。

老後の人生設計を立てるにあたり、自分がどのくらい年金を受け取れそうかを確認しておくとよいですね。郵送されてくる「ねんきん定期便」や、インターネットの「ねんきんネット」で確認することができます。参照するためには、基礎年金番号が必要となります。

【「ねんきんネット」で確認できること】
●自身の年金記録の確認
●将来の年金見込額の確認
●電子版「ねんきん定期便」の閲覧
●日本年金機構から郵送された各種通知書の確認

66 上乗せ年金のしくみ

加給年金、振替加算って何だろう？

加給年金は年金版の扶養手当のようなもの

「加給年金」は、厚生年金保険から支給される年金版の扶養手当です。

「老齢厚生年金」の被保険者期間が240月（中高齢の期間短縮の特例の適用者は15〜19年）以上ある老齢厚生年金の受給権者が、その権利を取得した当時に、**生計を維持していた配偶者・子**がいる場合に、この加給年金が加算されます。加給年金は、定額部分または本来支給の老齢厚生年金とともに支給が開始されます。

●配偶者の要件

- ●65歳未満であること
- ●収入要件を満たしていること

【支給額】

> 夫婦で年金をもらっている世帯との世帯間格差是正のため、受給権者の生年月日に応じて、加算されます。

加給年金額
224,700円×改定率

＋

特別加算

ただし、配偶者の老齢厚生年金の被保険者期間が240月（中高齢の期間短縮の特例の適用者は15〜19年）以上ある老齢厚生年金の受給権者である場合は、加算されません。

●子の要件

- ●年齢が18歳に達する日以後の最初の3月31日までの間（障害等級1級または2級の子の場合は20歳未満）であること
- ●収入要件を満たしていること

143

【支給額】

1人目の子	2人目の子	3人目以降の子
224,700円 × 改定率	224,700円 × 改定率	74,900円 × 改定率

一元化後は加入期間の取扱いは合算される

厚生年金第2号・3号・4号被保険者については、「老齢厚生年金」の被保険者期間が240月以上ある老齢厚生年金の受給権者（振替加算については、その配偶者）について支給されます。

一元化前は、制度が異なっていたので、加入期間が合算できないため、加給年金は加算されませんでした。

しかし一元化後は、加給年金、振替加算とも、厚生年金第1号被保険者の加入期間が合算されることとなり、**配偶者がいれば加給年金が支給**されます。

なお、配偶者加給年金が受給できる場合には、厚生年金から支給され、共済年金は支給停止されることとなっていましたが、一元化後は、加入期間の長いほうから加給年金が支給されます。

一元化前 配偶者がいても加給年金の加算はなし

厚生年金　5年	共済年金　15年	国民年金　20年

一元化後 加給年金は加入期間の長い共済年金から支給

厚生年金　5年	共済年金　15年	国民年金　20年

↓
通算20年とみなして、加給年金が支給される

振替加算とは

　現在では、扶養されている妻も年金加入が義務づけられていますが、昭和61年４月前までは扶養されている妻の年金は任意加入となっていました。そうすると、妻の65歳以降の年金受給額がとても少なくなるケースがあるため、救済措置として、夫の老齢厚生年金等から支給される加給年金（☞143ページ）を、妻の老齢基礎年金に振り替えて加算する「**振替加算**」というものがあります。振替加算額は、年金の加入が義務づけられていなかった期間が長い人ほど、多く支給されます。

　したがって、扶養されている妻も国民年金への加入が義務づけられた昭和41年４月２日以降に生まれた人には、振替加算制度はありません。

　振替加算の対象となる人は、生年月日が大正15年４月２日〜昭和41年４月１日であることなどの要件があります。

　なお、上記説明ではわかりやすくするため、夫と妻という記載をしましたが、逆のケースもあります。

◎振替加算が適用される一例◎

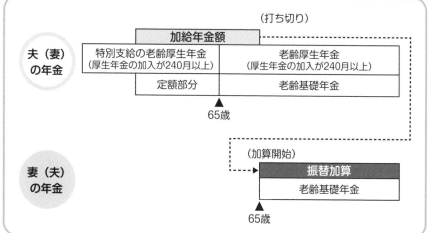

　上の図は、夫が年上であるケースです。妻が65歳になり、老齢基礎年金を受給するようになると、加給年金が打ち切られるため、その代わりに「振替加算」が支給されます。

　振替加算の受給状況は、「年金決定通知書・支給額変更通知書」の「加算額」欄で確認することができます。

年金を早くもらいたいときはどうする？

繰上げ・繰下げ受給ができない年金もある

「老齢年金を早くもらったらどうなるのか？」「60歳から年金をもらわずに遅くもらったら額が増えると聞いたけど本当？」といった質問を受けることがあります。本来は、65歳または支給開始年齢にならなければもらえない老齢年金を早くもらうことを「**繰上げ受給**」、逆に、66歳以降にもらうようにすることを「**繰下げ受給**」といいます。

なお、繰下げ受給にするには、手続きが必要です。手続きをしなかった場合は、過去の老齢年金がまとめて支給されるだけで1円も増えないどころか、年金の請求権の時効は5年間とされており、5年超たつと本来もらえる年金の権利も消えてしまうので、注意が必要です。

【特別支給の老齢厚生年金】

● 繰下げ受給

　特別支給の老齢厚生年金は、繰下げ受給することはできません。60歳または支給開始年齢になったら、すぐに手続きをして受給するようにしましょう。

● 繰上げ受給

　定額部分が支給される場合と、報酬比例部分相当の老齢厚生年金のみ支給される場合とで年金額の調整のしかたが異なりますが、繰上げ受給することは可能です。

【老齢基礎年金】

● 繰上げ受給

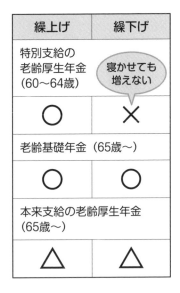

	繰上げ	繰下げ
特別支給の老齢厚生年金（60〜64歳）	○	寝かせても増えない ✕
老齢基礎年金（65歳〜）	○	○
本来支給の老齢厚生年金（65歳〜）	△	△

本来65歳から支給される老齢基礎年金を65歳より前に繰り上げて受給する場合には、1か月繰り上げるとごとに0.4％減額された年金が死ぬまで支給されます（減額率は、2022年（令和4年）4月に0.5から0.4へ改正）。令和4年3月末時点で60歳に達していない人が対象です。

$$繰上げ減額率 = 0.4\% \times 繰上げ月数$$

なお、老齢基礎年金を繰上げ受給する場合には、次にあげるようなデメリットがあるので、確認しておくことが大切です。

①減額された年金額は一生続きます。65歳を過ぎても増額されることはありません。

②65歳前に寡婦になった場合には、寡婦年金はもらえません。障害が重くなっても、障害基礎年金が増額できないことがあります。

③65歳までに配偶者の死亡により遺族厚生年金が受けられるようになっても、1人1年金の原則により、繰上げ受給した老齢基礎年金と遺族厚生年金のいずれか1つしかもらえません（65歳からは併給可）。

●繰下げ受給

老齢基礎年金を66歳以降に繰り下げて受給する場合には、1か月繰り下げるごとに、0.7%増額された年金が死ぬまで支給されます。

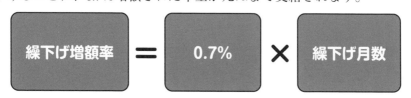

$$繰下げ増額率 = 0.7\% \times 繰下げ月数$$

【本来支給の老齢厚生年金】

●繰上げ受給

特別支給の老齢厚生年金の支給がなくなった世代については、支給開始年齢を繰り上げることができます。

●繰下げ受給

2007年（平成19年）4月以降に、本来支給の老齢厚生年金がもらえるようになった人たちについては、繰下げ受給にすることが可能です。

ケースによっては年金額が調整される

働きながら年金を受給する場合は「在職老齢年金」を適用

　高齢化社会に伴い、60歳以降も厚生年金保険に加入し、働き続ける人も増えました。賃金を得て、老齢厚生年金も受給する場合は、「**在職老齢年金**」といって年金額の一部または全部が支給停止される場合があります。賃金と年金額の合計額が「支給停止調整額」を超える場合は、超えた金額の半分が年金額より支給停止されます（老齢基礎年金は全額支給されます）。令和6年度の支給停止調整額は50万円の予定です。

支給停止される額（在職老齢年金）の計算方法

【基本月額】

　加給年金額を除いた老齢厚生年金（報酬比例部分）の月額のこと

【総報酬月額相当額】

　（その月の標準報酬月額）＋

　　　　　（その月以前1年間の標準賞与額の合計）÷12

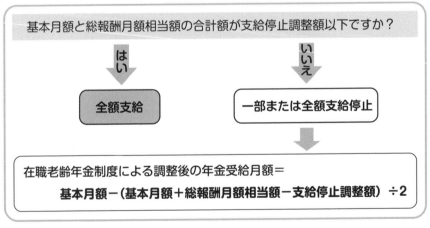

【在職定時改定】

　在職中の65歳以上70歳未満の老齢厚生年金受給者については、毎年1回定時に年金額の改定が行なわれます。基準日である毎年9月1日に厚生年金保険の被保険者である場合は、翌10月分の年金から改定されます。

令和４年（2022年）３月以前の在職老齢年金

　令和４年（2022年）３月以前の65歳未満の人の在職老齢年金制度は、総報酬月額相当額と老齢厚生年金の基本月額の合計が28万円を超えない場合は年金額の支給停止は行なわれず、28万円を上回る場合は年金額の全部または一部について支給停止されていました。

　しかし、28万円の基準額を超えてしまうと、在職老齢年金の支給が減額や停止となってしまうことから、働く時間を短くして賃金をおさえる調整をしてきた人もいます。そのため、就労意欲を高める効果もねらい、支給停止調整額が47万円（令和５年（2023年）からは48万円）へ引き上げられて、より多様な働き方が可能となりました。

【例：年金の基本月額が10万円で総報酬月額相当額が26万円、合計36万円の場合】

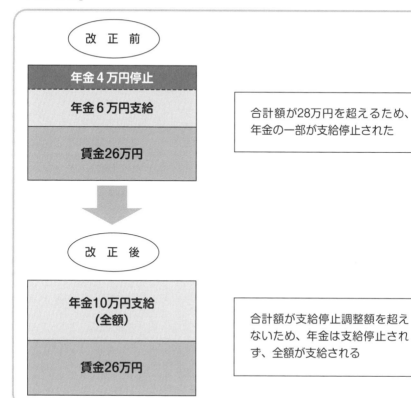

改　正　前

年金４万円停止
年金６万円支給
賃金26万円

合計額が28万円を超えるため、年金の一部が支給停止された

改　正　後

年金10万円支給
（全額）
賃金26万円

合計額が支給停止調整額を超えないため、年金は支給停止されず、全額が支給される

離婚したら夫婦の厚生年金が分割可能に

離婚時の年金分割制度は２種類ある

　厚生年金は「夫婦でいくら」という形で金額が設定されている一方、年金をもらう権利は、厚生年金保険に加入し、保険料を負担している被保険者のみにありました。

　長年、専業主婦だった女性が熟年離婚すると、年金の受給額も少なく、老後の生活に困る人がたくさんいました。そこで誕生したのが、「**離婚時の厚生年金の分割制度**」です。これは、厚生年金の報酬比例部分の保険料納付記録を、多いほうから少ないほうに対して当該額の一部を分割する制度です。

　離婚時の年金分割制度には、次の２つがあります。

　なお、第１号から第４号までの厚生年金被保険者期間のうち、１つの厚生年金被保険者期間にかかる次の①・②の分割請求は、他の厚生年金

◎年金分割のイメージ図◎

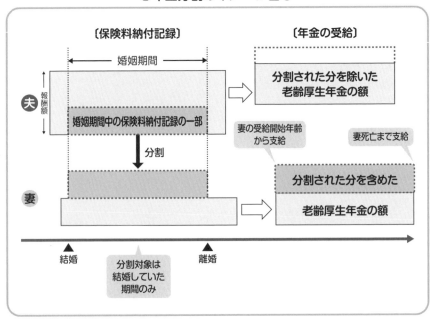

被保険者期間にかかる①・②の分割請求と同時に行なう必要があります。

①合意等による年金分割制度（平成19年4月1日施行）

　夫婦が離婚した場合に、夫婦の合意または裁判所による分割の決定により、結婚してから離婚までの対象期間について、お互いの報酬比例に係る保険料納付記録（報酬額および被保険者期間）の合計額の**50％まで**を**限度**として、当該額の一部を分割する制度です。

　分割してもらう場合は、離婚後2年以内に合意内容を公正証書等にして、年金事務所に**改定請求**をすることが必要です。改定請求の翌日から年金額が改定されます。

②第3号被保険者期間の年金分割制度（平成20年4月1日施行）

　国民年金の第3号被保険者であった期間に、配偶者である第2号被保険者が納付した厚生年金保険料は、**夫婦で共同で納付**したものとみなされます。したがって、第3号被保険者から請求があれば、**相手の合意がなくても**、施行日である2008年（平成20年）4月1日以降の第3号被保険者期間に対する第2号被保険者期間の報酬比例部分の保険料納付記録が強制的・自動的に分割されるというのがこの制度です。

　なお、①の合意等による年金分割制度については、婚姻してから離婚するまでの期間が対象となるのに対し、②の第3号被保険者期間の年金分割制度は、相手の同意がなくても強制的に年金を分割するため、**施行日である平成20年4月1日以後の期間のみ**が対象となります。

◎第3号被保険者期間の年金分割制度のイメージ図◎

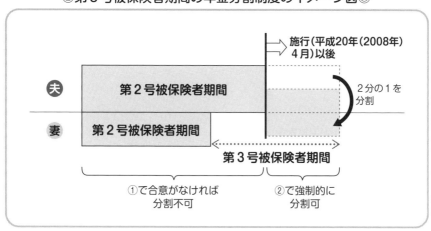

知らずにいると年金が少なくなることも

本人が申し出ないと特例は適用されない

　3歳未満の子を養育する被保険者等の標準報酬月額が、子を養育することとなった日の前月の標準報酬月額を下回る場合は、本人の申し出により、年金額の計算に際して、その期間は実際の標準報酬月額ではなく、従前の標準報酬月額とみなされます。

　つまり、老齢厚生年金（報酬比例部分）の算定基礎となる平均標準報酬額の計算の基礎となる標準報酬月額とみなされます。

◎養育期間中の標準報酬月額の判定◎

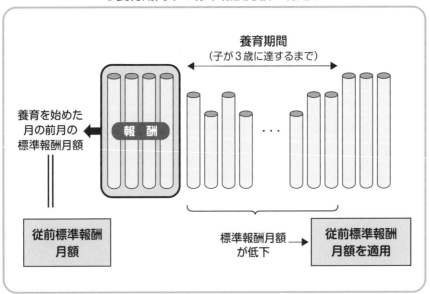

　この養育期間特例の申し出を行なうと、厚生年金保険の年金額については、下がる前の養育を始めた月の前月の標準報酬月額により算定されます。つまり、申し出をすると年金額は多くなります。

　この場合、保険料の算定と傷病手当金・出産手当金などの健康保険の給付の算定基礎となる標準報酬月額は、下がった標準報酬月額が適用されます。ただし、産前産後休業期間中の保険料免除を開始したときには、

特例措置は終了となります。

　なお、養育期間特例の申し出は、女性にかぎらず、**男性も適用可能**です。共働きの夫婦で、夫婦ともに該当する場合は、夫婦で申請が可能です。

　また、月額変更など育児休業等終了時改定以外の標準報酬月額の変更制度によって、標準報酬月額が下がった場合でも適用可能です。その標準報酬月額が下がった理由については、育児短時間勤務の利用など、育児休業等に関連した理由ばかりでなく、理由を問わず適用されるのがこの制度の大きな特徴です。

　たとえば、以下のような理由であっても適用可能となります。

- ●不景気で残業が減って、残業手当が減った
- ●事業所による休業にともない、低額の休業手当が支給された
- ●引っ越しや異動により、通勤手当が下がった
- ●扶養する家族が減って、家族手当が減った

◎どの標準報酬月額が適用される？◎

保険料	健康保険の給付	厚生年金保険の年金額
下がった標準報酬月額で算定されます。	下がった標準報酬月額で算定されます。	養育を始めた月の前月の標準報酬月額により算定されます。

　養育期間特例の手続きは、本人の申し出があって初めて行なわれるので、知らずに手続きをしないでいると年金額が少なくなってしまいます。さかのぼって2年以内であれば、退職後でも申し出は可能です。また、実際に標準報酬月額が下がっていない場合でも申し出が可能です。3歳未満の子どもがいて給与が下がる可能性のある人は、忘れずに申し出をするとよいでしょう。

障害で働けないときの年金給付は？

初診日に加入していた年金制度でもらえる給付が決まる

　障害によって働けない場合等のリスクを保障する給付として、「**障害年金**」があります。身体的な病気・ケガにかかわる障害だけでなく、精神疾患等による障害の場合でも支給されます。

　もらえる年金は、障害の原因になった疾病の初診日に、どの年金制度に加入しているかで決まります。

　初診日に国民年金のみに加入している場合で、障害等級1級または2級に該当する場合は、国民年金から**障害基礎年金**が支給されます。

　それとは別に初診日に厚生年金保険に加入している場合で、障害等級1級から3級に該当する場合は、厚生年金保険から**障害厚生年金**が支給されます。

　そのほか、厚生年金保険の被保険者である期間に、障害等級3級より軽い障害が残った場合は、**障害手当金**が支給されます（最低保障あり）。

◎障害に関する年金、手当金の給付◎

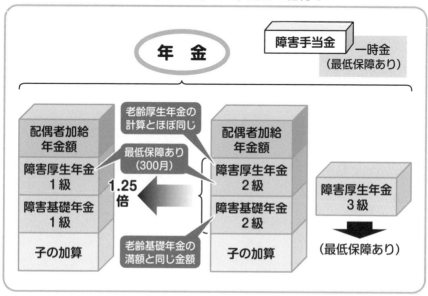

　「**障害等級**」は、障害認定日にどの程度の障害の状態にあるかで決定されます。初診日から起算して１年６か月を経過した日か病気・ケガの症状が固定した日が**障害認定日**とされ、その時点で該当する障害等級にかかる年金等が支給されます。

　なお、障害基礎年金の金額は、老齢基礎年金の満額と同じ金額です。また、障害厚生年金も、老齢厚生年金とほぼ同じ計算式で算定され、最低保障等もあります。

　障害基礎年金、障害厚生年金とも、障害等級１級の年金額は、障害等級２級の金額の1.25倍とされています。そのほか、扶養する子がいる場合には、障害基礎年金に**子の加算**、配偶者がいる場合は障害厚生年金に**配偶者加給年金**が加算されます（障害等級１級・２級のみ）。

　ただし、障害年金には**保険料納付要件**があり、初診日の前日までに初診日の属する月の前々月までの間に**保険料納付済期間と保険料免除期間が３分の２以上**あるか、**直近１年間に滞納がない**場合でなければ、障害年金はもらえないので注意が必要です。

◎障害年金の保険料納付要件◎

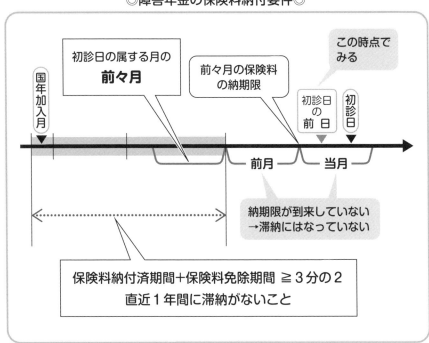

初診日に加入していた実施機関で年金額を決定

最低保障の適用により年金額が下がることもある

一元化される前は、厚生年金・共済年金それぞれで年金額が計算されることとなっていて、共済年金の加入期間のみをもとにして障害共済年金が支給されていました。

しかし、一元化後の障害厚生年金は、初診日に加入していた実施機関で、他に加入していた期間を含めて、年金額が決定されます。**障害認定日が基準ではないので、注意が必要です。**

たとえば、2015年（平成27年）10月1日以後に初診日がある場合には、厚生年金被保険者期間（第1号から第4号）はすべて合算され、年金額が計算されます。

次ページ図の例の場合には、第1号の厚生年金加入期間が8年と、他の厚生年金の被保険者期間と比べて長いので、日本年金機構が実施機関となり、日本年金機構がすべての加入期間を合算して、障害厚生年金を支給することとなります。

また、図にあげた例の場合、最低保障（300月）の適用を受けるので、平均給与額が下がることにより、一元化前の計算よりも年金額が少なくなる場合があります。

一元化後は保険料納付要件が追加される

前ページで説明したように、障害厚生年金には保険料納付要件がありますが、障害共済年金には、そのしくみはありませんでした。しかし、一元化後は、保険料納付要件が適用されることになります。

なお、在職期間中であっても、在職老齢年金の制度により、障害厚生年金は支給停止されません。しかし、障害共済年金の場合には、在職老齢年金の制度により、組合員である間は、支給停止の規定がありました。

障害厚生年金には、在職中に支給停止にするしくみがないので、一元化後は、被保険者であっても、障害厚生年金が支給されます。

◎障害共済年金は一元化でどう変わる？◎

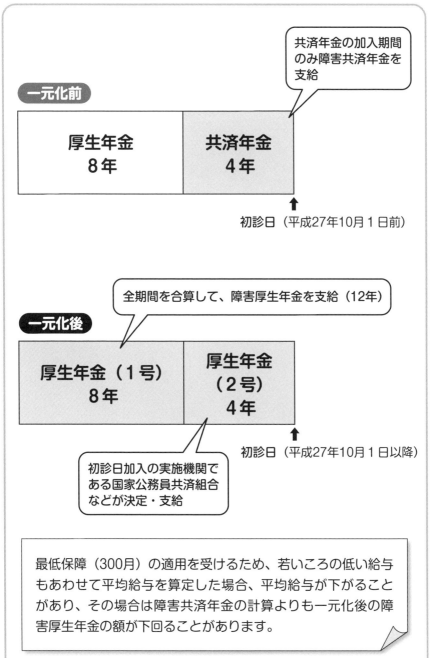

共済年金の加入期間
のみ障害共済年金を
支給

一元化前

| 厚生年金
8年 | 共済年金
4年 |

↑
初診日（平成27年10月１日前）

全期間を合算して、障害厚生年金を支給（12年）

一元化後

| 厚生年金（１号）
8年 | 厚生年金
（２号）
4年 |

↑
初診日（平成27年10月１日以降）

初診日加入の実施機関で
ある国家公務員共済組合
などが決定・支給

最低保障（300月）の適用を受けるため、若いころの低い給与
もあわせて平均給与を算定した場合、平均給与が下がること
があり、その場合は障害共済年金の計算よりも一元化後の障
害厚生年金の額が下回ることがあります。

残された遺族への年金給付は？

遺族基礎年金と遺族厚生年金がある

「**遺族年金**」は、国民年金または厚生年金の被保険者であった人が亡くなったときに、その人によって生計を維持されていた遺族が受けることができる年金です。「**遺族基礎年金**」と「**遺族厚生年金**」があり、亡くなった人の、それまでの保険料の納付状況などによって、いずれか、または両方の年金が支給されます。

遺族年金を受け取るには、亡くなった人の保険料の納付状況、遺族年金を受け取る人の年齢、優先順位などの条件が設けられています。

◎遺族年金が支給される遺族の範囲◎

●**遺族基礎年金** …… 国民年金から支給

 ●被保険者との生計維持
●子との生計同一

（子のある）配偶者

 ●被保険者との生計維持

子

●**遺族厚生年金** …… 厚生年金から支給

配偶者	子	父母	孫	祖父母
①		②	③	④

（配偶者 OR 子 = ①）

※図の①～④は、受給できる遺族の順位です。

なお、遺族年金が受給可能な遺族には、妻を除き、次のような年齢要件が課せられています。

【（現に婚姻していない）子・孫】
●18歳に達する日以後最初の3月31日までの間にあること

- 20歳未満で障害等級の１級または２級に該当する障害の状態にあること

【夫・父母・祖父母】

- 55歳以上であること（ただし、60歳までは支給停止）

　2014年（平成26年）４月１日以降に死亡した妻であれば、遺族基礎年金は父子家庭にも支給されることになりました。

遺族厚生年金の支給要件には短期要件と長期要件がある

　遺族厚生年金がもらえるか否かの要件には、被保険者であった期間が比較的短い人用である「**短期要件**」と、被保険者であった期間が25年以上の「**長期要件**」があります。

　短期要件の場合は、実際の被保険者期間で計算してしまうと年金額が低額になってしまうので、被保険者期間の最低保障等があります。また、遺族基礎年金と遺族厚生年金の一部については、障害年金の場合と同様、保険料納付要件があります（155ページ図の障害年金の「初診日」を「死亡日」に読み替えてください）。

　遺族基礎年金の基本額は、老齢基礎年金の満額と同じ金額で、子の加算があります。また、遺族厚生年金の額は、**本来支給の老齢厚生年金の４分の３相当額**となっています。

◎遺族厚生年金の支給要件◎

	支　給　要　件	保険料納付要件
短期要件　被保険者期間→300月未満の場合は300月として計算	①被保険者が死亡したとき	**必　要**
	②被保険者であった者が被保険者であった間に初診日がある傷病により、その初診日から起算して５年を経過する日前に死亡した者	
	③障害等級１級・２級に該当する障害の状態にある障害厚生年金の受給権者	
長期要件	④老齢厚生年金の受給資格期間が25年以上ある者	**不　要**

被保険者期間→実際の被保険者期間

159

転給制度がなくなり、年齢条件が変わる

次順位者は遺族共済年金を受けられなくなる

遺族共済年金には「**転給制度**」があり、一元化前は、次順位者に転給することにより、前の受給権者が年金をもらえなくなった場合には次の順位の人がもらえるしくみになっていました。

しかし、遺族厚生年金には転給制度がないので、一元化後は、この取扱いが変更となり、2015年（平成27年）10月1日以降は、次順位者の受給権は消滅しました。

【配偶者が死亡した場合】（図の①～④は、受給できる遺族の順位）

	①	②	③	④
	配偶者　子	父母	孫	祖父母
一元化前	もらえる	①の遺族がもらえなくなった場合にもらえる	①、②の遺族がもらえなくなった場合にもらえる	①、②、③の遺族がもらえなくなった場合にもらえる
一元化後	もらえる	転給なし	転給なし	転給なし

160

年齢条件が変更される

　遺族共済年金では、障害等級の1級または2級に該当する障害の状態にある子・孫や夫・父母・祖父母などの受給権が発生する場合、年齢要件はありませんでした。

　しかし、遺族厚生年金では、一定の年齢要件を設けているため、一元化後は、遺族厚生年金にあわせてその取扱いは変更されました。

　なお、2015年（平成27年）9月30日以前に、遺族共済年金の受給権が発生している場合には、引き続き支給されます。

【年齢条件の変更】

	妻	子 / 孫 （現に婚姻していない）		夫 / 父母 / 祖父母	
		障害なし	障害あり	受給権発生	支給開始
一元化前	年齢制限なし	18歳に達する日以後最初の3月31日までの間にあること	年齢制限なし	年齢制限なし	原則60歳から
一元化後			20歳未満	55歳以上	

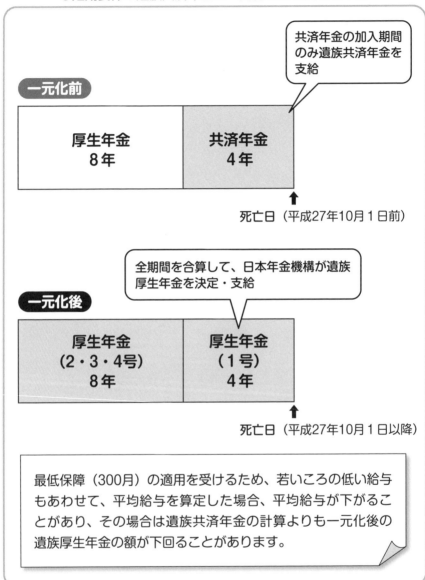

◎短期要件の遺族共済年金は一元化でどう変わる？◎

一元化前

厚生年金 8年	共済年金 4年

共済年金の加入期間のみ遺族共済年金を支給

↑
死亡日（平成27年10月１日前）

一元化後

全期間を合算して、日本年金機構が遺族厚生年金を決定・支給

厚生年金 （2・3・4号） 8年	厚生年金 （1号） 4年

↑
死亡日（平成27年10月１日以降）

最低保障（300月）の適用を受けるため、若いころの低い給与もあわせて、平均給与を算定した場合、平均給与が下がることがあり、その場合は遺族共済年金の計算よりも一元化後の遺族厚生年金の額が下回ることがあります。

短期要件の場合には、保険料納付要件が追加される

遺族厚生年金には保険料納付要件がありますが、短期要件の遺族共済年金には、そのしくみはありませんでした。一元化後は、保険料納付要件が適用されます（155ページの図の障害年金の「初診日」を「死亡日」

に読み替えてください）。

短期要件の遺族厚生年金は他の加入期間を含めて支給

　一元化前は、厚生年金、共済年金それぞれで年金額が計算されることにより、共済年金の加入期間のみをもとに遺族共済年金が支給されていました。

　一元化後の短期要件の遺族厚生年金は、死亡日に加入していた実施機関で、他に加入していた期間を含めて、年金額が決定されます。

　平成27年10月１日以後に死亡日がある場合には、厚生年金被保険者期間（第１号から第４号）はすべて合算され、年金額が計算されます。

　一方、長期要件の遺族厚生年金の場合には、従来どおり、それぞれの加入期間ごとに各実施機関が決定・支給を行ないます。

◎一元化後の長期要件の遺族厚生年金の取扱い◎

厚生年金 （１号）10年	厚生年金（２号）　30年

日本年金機構が決定・支給　　　国家公務員共済組合などが決定・支給

職域加算は死亡原因の傷病の初診日基準に変更

　職域加算の取扱いについては、「**死亡の原因となった傷病の初診日**」が一元化の施行日（平成27年10月１日）前にあれば、職域加算は行なわれます。死亡日が基準ではないので、注意が必要です。

　また、施行日の前日までに年金受給権を得ていた者が、一元化の施行日（平成27年10月１日）後の初診日により、公務によらない傷病によって死亡した場合にも職域加算は行なわれます。

　ただし、2025年10月以降に死亡した人の職域加算については、毎年30分の１ずつ減額されて、2034年10月以降に死亡した人は、30分の20の金額になります。

妻の遺族年金は加算される

「中高齢寡婦加算」が支給されることがある

　遺族基礎年金は、子のない妻には支給されないため、遺族厚生年金をもらっている妻が中高齢である場合には、年金額が低額になってしまうことがあります。この点を考慮して、以下に該当する妻には、「**中高齢寡婦加算**」が支給されます。中高齢寡婦加算の額は、**遺族基礎年金の4分の3**となっています。

①夫の死亡当時、40歳以上65歳未満の妻
②40歳に達した当時、夫の死亡時から生計を同じくしている遺族基礎年金の支給要件を満たす子のある妻

②遺族厚生年金	②遺族厚生年金	②遺族厚生年金
①遺族基礎年金	③中高齢寡婦加算	④経過的寡婦加算
		⑤老齢基礎年金

被保険者（夫）死亡	末子18歳まで	妻65歳まで	終身

厚生年金第2号・3号・4号被保険者の中高齢寡婦加算

　年金の一元化によって、厚生年金第2号・3号・4号被保険者の中高齢寡婦加算の取扱いが変更になっています。

　まず、中高齢寡婦加算については、支給する実施機関（短期要件）または加入期間が長い実施機関から加算されます。

◎中高齢寡婦加算を支給する実施機関◎

短期要件

厚生年金 （1号） 8年	厚生年金 （3号） 4年

↑
在職中の死亡（短期要件）

⇒短期要件の場合は、支給する実施機関が行ないます（厚年第3号被保険者の場合は、地方公務員共済組合など）。

長期要件

厚生年金 （1号） 8年	厚生年金 （4号） 20年	厚生年金 （1号） 4年

↑
老齢年金受給開始後死亡（長期要件）

⇒加入期間の長い厚年4号実施機関（日本私立学校振興・共済事業団）が中高齢寡婦加算の決定・支給を行ないます。

経過的寡婦加算が補てんされる場合

　妻が65歳になると、自分の老齢基礎年金を受給できるようになります。65歳以降であれば遺族厚生年金との併給は可能です。

　ただし、専業主婦の場合は、老齢基礎年金が低額となる可能性があります。そこで、老齢基礎年金の額が、それまで受給していた中高齢寡婦加算の額より低額になる場合には、その補てんとして「**経過的寡婦加算**」が支給されます。

子のない30歳未満の妻への遺族厚生年金

　夫の死亡当時に、子のいない30歳未満の妻については、5年間の有期年金として遺族厚生年金が支給されます。

自営業者やその遺族がもらえる給付は？

第1号被保険者が老後の年金を増やす法

国民年金の第1号被保険者が老後の年金額を増やす方法には、「付加年金」と「国民年金基金」の2つがあります。いずれか1つしか選択できないので、目的に合わせて選択するとよいでしょう。

【「付加年金」のしくみ】

付加年金は、第1号被保険者に対する独自給付で、老齢基礎年金の上乗せとして支給されます。付加年金額は次のとおりとなっています。

付加年金をもらうためには、月額400円の付加保険料を第1号被保険者の保険料に上乗せして納付します。つまり、2年間受給すれば、元がとれるしくみになっています。ただし、少額の年金しか増やすことはできません。

【「国民年金基金」のしくみ】

国民年金基金は、第1号被保険者の老齢年金への上乗せを目的とした制度です。都道府県に1つある「地域型国民年金基金」と同種の事業に従事する人たちが加入する「職能型国民年金基金」の2種類があります。

基金に加入できるのは、第1号被保険者のみです。また、月々の掛金は、確定拠出年金の掛金と合わせて68,000円が上限です。

なお、国民年金基金が支給する年金は、少なくとも基金の加入員であった者が老齢基礎年金の受給権を取得したときにもらえるものでなければならない、とされています。基金の年金および一時金をもらうときは、加入していた基金に請求することが必要です。

第1号被保険者の遺族に支給される給付金

第1号被保険者の遺族に支給される給付金には、「死亡一時金」と「寡

婦年金」の２つがあります。

【「死亡一時金」のしくみ】

死亡一時金は、掛捨て防止のために、第１号被保険者として保険料を納めた月数（４分の３納付月数は「４分の３月」、半額納付月数は「２分の１月」、４分の１納付月数は「４分の１月」として計算）が36か月以上ある人が、老齢基礎年金や障害基礎年金を受けないまま亡くなった場合、その人によって生計を同じくしていた遺族に、次の順位のとおり支給されます。

①配偶者　②子　③父母　④孫　⑤祖父母　⑥兄弟姉妹

死亡一時金の額は、保険料を納めた月数に応じて12万〜32万円が支給され、付加保険料を納めた場合には、その月数が36か月以上ある場合は、8,500円が加算されます。

なお、死亡一時金を受ける権利の時効は、死亡日の翌日から２年となっており、遺族基礎年金の支給を受けられる遺族がいる場合は、支給されません。

【「寡婦年金」のしくみ】

寡婦年金は、第１号被保険者として保険料を納めた期間（免除期間を含む）が10年以上ある夫が亡くなったときに、10年以上継続して婚姻関係にあり、生計を維持されていた妻に対して60歳から65歳になるまでの有期年金として支給されます。

年金額は、夫の第１号被保険者期間だけで計算した老齢基礎年金額の４分の３です。

なお、寡婦年金を受ける場合には、以下の注意が必要です。

- ●亡くなった夫が、老齢基礎年金および障害基礎年金の支給を受けていないこと（2021年（令和３年）改正）
- ●妻が繰上げ支給の老齢基礎年金を受けている場合は支給されない
- ●寡婦年金と死亡一時金は、どちらか片方しか受給できない

77 年金のもらい方・支払われ方

年金をもらうにはどんな手続きをすればいい?

一元化後の年金請求手続きはワンストップで済む

年金は、自分で請求しなければもらえません。この手続きのことを「**裁定請求**」といいます。

現在は、60歳になる3か月前に、本人の年金加入記録等を記載したターンアラウンド方式の「裁定請求書」が送られてくるので、その書類を使って申請することも可能です。

年金一元化後の年金請求手続きは、原則としてワンストップで済むようになりました。

具体的には、全国の年金事務所・街角の年金相談センター・各共済組合のどこでも裁定請求書を提出できるようになっています。

ただし、以下の条件に該当する場合または以下の請求を伴う場合には、それぞれの実施機関へ請求することが必要となります。

①老齢厚生年金の繰上げ受給を行なう場合（それぞれの実施機関）
②老齢厚生年金の繰下げ受給を行なう場合（それぞれの実施機関）
③離婚分割の請求を行なう場合（それぞれの実施機関）
④特定警察職員・特定消防職員が老齢厚生年金を受給する場合（加入していた実施機関）
⑤短期要件の遺族厚生年金（死亡日に加入していた実施機関）
⑥長期要件の遺族厚生年金（それぞれの実施機関）
⑦障害給付（初診日に加入していた実施機関）

年金はその支給事由が発生した月の翌月から支給事由が消滅した月まで支給され、偶数月に2か月分がまとめて支給されます（次ページの上図参照）

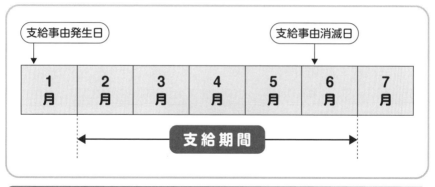

◎年金の支給期間のしくみ◎

支給事由発生日					支給事由消滅日	
1月	2月	3月	4月	5月	6月	7月

支給期間

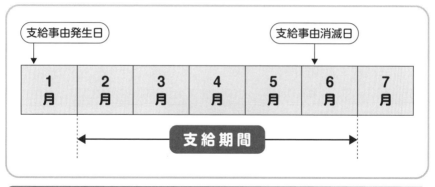

被保険者に応じた実施機関とは

　2015年（平成27年）10月からの被用者年金一元化に伴い、厚生年金保険の実施機関は次のとおりとなりました。旧共済年金組合員は、下表のとおり、厚生年金第2号～第4号被保険者となります。

実施機関	担当する事務
①厚生労働大臣（日本年金機構が一定の事務を実施）	厚生年金第1号被保険者（会社員等）に関する事務
②国家公務員共済組合 　国家公務員共済組合連合会	厚生年金第2号被保険者（国家公務員共済組合の組合員）に関する事務
③地方公務員共済組合 　全国市町村職員共済組合連合会 　地方公務員共済組合連合会	厚生年金第3号被保険者（地方公務員共済組合の組合員）に関する事務
④日本私立学校振興・共済事業団	厚生年金第4号被保険者（私学教職員共済制度の加入者）に関する事務

「紙」の手続きから「オンライン」申請へ

　社会保険や労働保険に関する手続きは、インターネットで行なうことができます（「電子申請」といいます）。書類を行政窓口に持参したり、郵送する場合は、移動時間や郵送コスト、マイナンバーを持ち歩くと紛失などのリスクが伴いますが、電子申請であれば、セキュリティに守られたインターネット内での申請になるので、行政の窓口時間を気にせず移動コストがかからず、マイナンバーの取扱いも安心です。

　しくみとしては、申請者であることを証明するために「デジタルな署名」をつけて電子申請しますので、あらかじめ電子証明書の取得が必要になりますが、2020年4月より、無料で取得できるID・パスワードで電子申請も可能となりました。ただし、対応可能な手続きは一部となります。

　電子申請は、「e-Gov（イーガブ）」というサイトで行ないますが、e-Govと連携している人事労務ソフトなどを使っていれば、より便利に申請することができます。紙による手続きとの併用も可能ですし、行政に対して「電子申請を始める」ことを伝える必要はありません。環境が整い次第スタートできます。

　なお、2020年4月から、大企業などの"特定法人"については、一部の手続きの電子申請が義務化されました。筆者も電子申請を利用していますが、とても便利だと感じていますので、チャレンジされてみてはいかがでしょうか。電子申請を初めてスタートされる方向けのヒントになるサイトをご紹介しておきましょう。

【日本年金機構：電子申請方法
　まるわかりガイド(YouTube)】

【日本年金機構：電子申請の
　ご利用案内　e-Gov 利用編】

【e-Govとは】

【e-Govの利用準備】

【厚生労働省：電子申請説明
　動画（初期設定編）】

【2020年11月：e-Govの
　リニューアル内容】

●照合省略申請について

　雇用保険の手続きの際に、通常は「照合確認」のために出勤簿や賃金台帳等をあわせて提出しますが、事前に「照合省略申請」を行政に提出し、許可を受けることで、出勤簿等の照合確認用の書類の提出を省略できる場合があります（一度許可を受ければその後の手続き時も有効となります）。

　照合省略申請書の書式は、各管轄労働局サイトに掲載されています。

【東京都労働局サイト】

【厚生労働省
　電子申請サイト】

　電子申請については、今後も利便性向上のためにやり方などが変わっていくことが予想されます。

「年収の壁・支援強化パッケージ」を
政府が公表

　たとえば、夫が正社員で働いている場合に、妻のパート年収がボーダーラインを超えると、夫の扶養家族から外れることになるため、税金や社会保険料の負担が増えて手取りが減ってしまうという、いわゆる「年収の壁」があります。そのため、ボーダーラインを意識して勤務日数や労働時間をおさえながら働く人もいます。

　しかし、このような働き控えは企業の人手不足にも拍車がかかるため、その対策として政府は「年収の壁・支援強化パッケージ」を打ち出しました。夫婦のどちらかがパートやアルバイトなどで扶養家族の基準内で働いている共働き世帯にとっては、影響が大きいテーマです。

従業員100人超の企業に週20時間以上で勤務する場合		「106万円の壁」 加入制限：厚生年金保険・健康保険
上記以外の場合		「130万円の壁」 加入制限：国民年金・国民健康保険

　支援強化パッケージの内容は以下のとおりです。

- **106万円の壁対応**…手取り収入を減らさない取組みを実施する企業に対し、労働者１人当たり最大50万円を支援。

- **130万円の壁対応**…パート・アルバイトで働く人が、繁忙期に労働時間を延ばすなどにより、収入が一時的に上がったとしても、事業主がその旨を証明することで、引き続き被扶養者認定が可能となるしくみをつくる。

　詳細については、右の厚生労働省のサイトで確認いただけます。

労働保険のしくみは
こうなっている

労災保険と雇用保険を
あわせて労働保険といいます。
いろいろな給付が
ありますよ。

労働保険とはどんな保険なのか

労災保険と雇用保険を合わせて労働保険と呼ぶ

「労働保険」には、「労働者災害補償保険」（以下「労災保険」といいます）と「雇用保険」の２つがあります。

労災保険は、業務災害と通勤による災害が原因で起こった病気、ケガ、障害および死亡に関する補償を行なうとともに、被災労働者の社会復帰の促進等の事業を行ないます。一方、雇用保険は、失業したときの生活保障を中心とする失業等給付などを行ないます。

労働保険は、事業所ごとに加入するしくみとなっており、労災保険・雇用保険とも、該当する労働者を１人でも雇用した事業所は、原則として**強制適用**となります。ただし、個人経営の農林水産業の一部に、任意適用事業所とする例外があります。

労災保険料は従業員の負担はない

労災保険の保険料は、事業主の負担する保険料のみでまかなわれており、労災保険率は事業の種類によって定められています。

雇用保険については、失業等給付に使われる保険料については、労使折半で負担することとされており、被保険者本人の雇用保険料は、給与から控除することになっています。また、事業主の雇用保険料は、雇用２事業（☞187ページ）分の保険料分を上乗せして負担することとなっており、雇用保険料率については事業の種類によって定められています。

なお、労災保険に関する手続きは、**労働基準監督署**が窓口となります。雇用保険に関する手続きについては、ハローワーク（公共職業安定所）が窓口となります。

QRコード　厚生労働省から最新の人事労務情報を入手できます。雇用情勢や法律改正、助成金等の制度改正、各種セミナーやイベント、労務管理情報などの人事・労務関係の情報は右のQRコードから確認できます。

◎労働保険に関する手続きと窓口◎

会社の手続き

労働保険
（労災保険）　……労働基準監督署

- 労働保険の事業所に関する手続き
- 労働保険料の申告
- 労災保険の給付関連の手続き

雇用保険　……ハローワーク

- 雇用保険の事業所の手続き
- 雇用保険の被保険者に関する手続き

本人の手続き

雇用保険　……ハローワーク

- 基本手当・教育訓練給付などの手続き

79 労働保険の適用対象と労災保険の特別加入

労働保険に加入しなければならない人とは

役員は原則として労働保険に加入できない

雇用保険に加入するには、週20時間以上の所定労働時間があり、かつ、引き続き31日以上の雇用契約の見込みがあることが必要です。また、雇用保険の加入は、原則**65歳まで**となっていましたが、2017年（平成29年）1月1日より年齢にかかわりなく、加入が義務づけられました。

65歳以上の人については、「**高年齢被保険者**」となり、高年齢求職者給付金、育児休業給付金、介護休業給付金および教育訓練給付金も一定の要件を満たせば、受給可能となりました。

そのほか、昼間部の学生や家事使用人、同居の親族の場合は、原則として適用除外となります。

労災保険は、原則として、1人でも労働者を使用する会社は、業種や規模の如何を問わず、**すべての事業に適用**されます。労災保険における労働者とは、「職業の種類を問わず、事業に使用される者で、賃金を支払われる者」をいいます。

つまり、次ページ上図の関係にある労働者であれば、アルバイトやパートタイマー等の雇用形態には関係なく、すべて労災保険が適用されます。

また、労働保険は、中小事業主や役員など労働者ではない人は原則として加入できない点が、健康保険や厚生年金保険との大きな違いです。

労災保険には特別加入制度がある

個人タクシーの運転手や大工の一人親方などについても、個人事業主のため労災保険の適用はありません。また、海外に派遣される労働者は、労災保険の対象外です。

しかし、実際には危険な作業に従事していたり、次ページ上図の労働者と同じように保護すべき場合もあります。そこで、労災保険に任意で加入できる「**特別加入**」という制度があります。

特別加入には、中小企業の役員等が加入する**第１種特別加入**、個人タ

◎労災保険の対象となる労働者とは◎

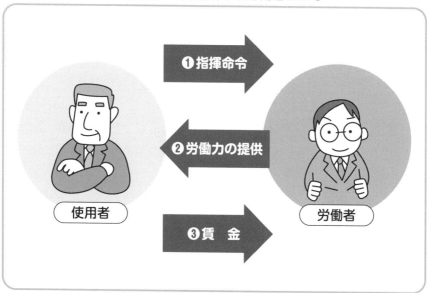

クシーの運転手などが加入する**第2種特別加入**、海外派遣労働者が加入する**第3種特別加入**の3種類があります。

◎特別加入制度の種別と対象者◎

種　　別	加入できる人
第1種特別加入	中小事業主等
第2種特別加入	個人タクシーの運転手、大工・介護に従事する請負労働者など一人親方
第3種特別加入	海外派遣労働者

QRコード 65歳以上の人の雇用保険料は2019年度まで免除でしたが、現在は保険料支払いの対象となっています。行政リーフレットは右のQRコードから。

使用人兼務役員なら労働保険の適用対象に

雇用保険では雇用実態の証明書が必要

　労働保険は、原則として労働者のみ加入できるしくみになっています。

　ただし、役員のなかには、役員であっても役員としての業務だけではなく、通常の労働者と同様に賃金をもらって、他の従業員と同じように働く人もいます。これを「**使用人兼務役員**」といいます。使用人兼務役員の場合は、労働者として働く部分については、労働保険の適用対象となる場合があります。

　雇用保険については、「他の従業員と同様に、就業規則等の適用状況、担当業務、報酬等の支払状況を勘案して、労働者として雇用されている実態が確認できる場合のみ加入できる」こととされています。この場合、ハローワークに「**使用人兼務役員実態証明書**」を提出し、雇用実態を証明したうえで雇用保険に加入することになります。

◎健康保険と労災保険の給付の対象◎

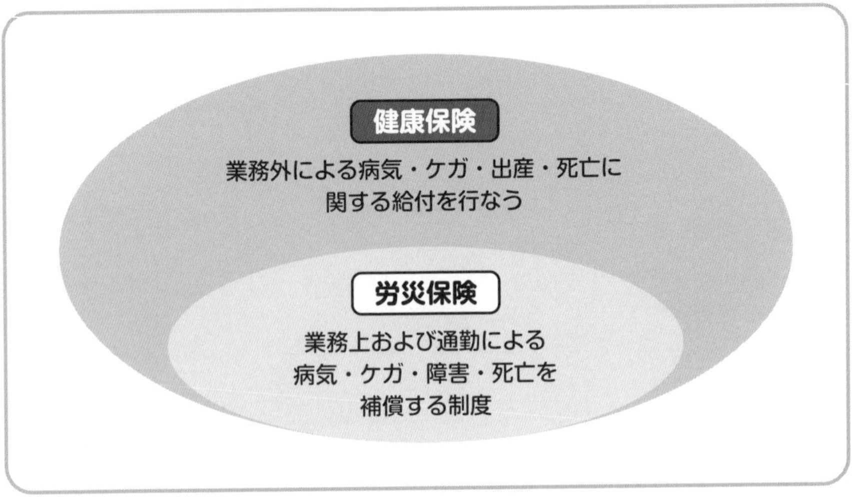

健康保険

業務外による病気・ケガ・出産・死亡に
関する給付を行なう

労災保険

業務上および通勤による
病気・ケガ・障害・死亡を
補償する制度

労災保険は特別加入制度を利用する

　また、中小企業の場合、役員であっても他の従業員同様、工場で機械を操作したり、他の従業員と同じように仕事をしている人たちが大勢います。

　健康保険では、業務災害によるケガ等については給付の対象外となるため（前ページ図を参照）、労災保険の適用とならない役員は、労災保険からも健康保険からも補償が受けられない可能性があります。役員だからという理由だけで、普通の社員と同じように仕事をしているのに、補償がまったく受けられないというのは、気の毒なことです。

　そこで、本来、労働者と同様に保護すべき人が任意で加入できるよう、一定の規模以下の中小事業主等の場合は、「第1種特別加入者」（前項参照）として、労災保険に加入することができます。特別加入する場合は、商工会や同業者団体などが運営する「労働保険事務組合」に、労働保険の事務処理を委託して加入します。

◎特別加入が可能となる中小企業の範囲◎

金融業・保険業・不動産業・小売業	常時50人以下の労働者を使用する事業
卸売業・サービス業	常時100人以下の労働者を使用する事業
その他の事業	常時300人以下の労働者を使用する事業

零細企業の役員に対する業務上の病気・ケガの補償

　零細企業の場合、役員が全額自己負担で治療費を支払い続けることは、大きな負担です。労災保険の特別加入を利用するとしても保険料の負担があります。そこで、被保険者が5人未満である適用事業所に所属する法人の代表者等であって、一般の従業員と著しく異ならないような労務に従事している者については、労災保険からの給付が受けられない場合は、業務上の病気・ケガについても、「療養の給付」など健康保険による保険給付の対象とすることとされました（ただし、傷病手当金は支給されません）。

労災保険の補償はどうなっているの？

　労災保険は、「業務災害」と「通勤災害」が原因で起こった病気、ケ
ガ、障害および死亡に関する補償を行ないます。これに2020年（令和2
年）9月より「複数業務要因災害」が加わりました。

業務災害と認められるためには

　業務災害と認められるためには、「**業務遂行性**」と「**業務起因性**」の
2つが必要とされています。

　業務遂行性とは、労働者が労働契約にもとづいて、事業主の支配下に
ある状態のことをいいます。労働時間内に起こった労災事故については、
業務災害として認められやすいほか、トイレや水飲みなどの生理的行為、
風で飛ばされた帽子を拾う等の反射的な行為は業務付随行為として、業
務遂行性が認められます。

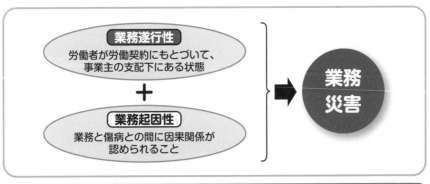

通勤災害と認められるためには

　「**通勤**」とは、就業に関し、住居と就業の場所との間を合理的な経路
および方法により往復することをいいます。「住居と就業の場所との間」
とは、次の3つの場合をさします。

①住居と就業の場所との間の往復

②Ａ事業所の仕事からＢ事業所への移動など、就業の場所から他の就業
　場所への移動

③上記①の往復に先行し、または後続に関する住居間の移動（たとえば、

単身赴任している人が単身赴任先から自宅に戻るときの移動）

　たとえば、会社からの帰宅時に、友人と飲みに行く等、移動の経路を逸脱・中断した場合には、通勤ルートを外れた後は、通勤災害にはなりません。ただし、日常必要な最小限の行為として認められる行為については、通勤ルートに戻ったところから通勤災害として扱われます。

◎通勤災害と認められる通勤経路◎

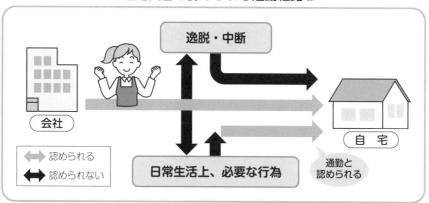

複数業務要因災害と認められるためには

　昨今、副業・兼業者が増えてきたため、一の事業では、業務災害等と判断されない場合でも、複数事業の業務上の負荷をあわせて総合的に評価し、労災認定することが可能となりました。複数業務要因災害で想定されるのは、脳・心臓疾患や精神障害にほぼ限られます。

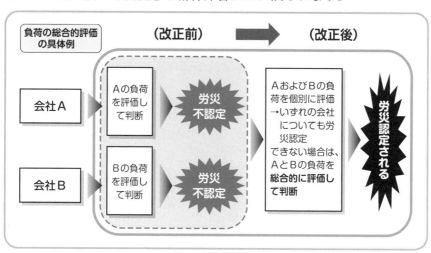

労災保険の補償にはどんなものがある？

労災保険にはさまざまな給付の種類がある

　労災保険の給付には、業務災害によるものと通勤災害によるものの2つがあります。

　労災保険からの給付には、被災労働者が病院等で治療する場合にかかる医療費を原則として全額補償する「**療養（補償）給付**」があります。労災指定医療機関の場合は、療養の給付として現物支給されます。労災指定ではない医療機関の場合は、全額自己負担で治療等をしてもらい、後から労働基準監督署に申請手続きをして、立て替えたお金を戻すことができます。

　また、業務上または通勤によるケガ等の療養で仕事を休む場合、療養期間中の生活補償として、「**休業（補償）給付**」が支給され、特別支給金を含めて給与の約8割程度がもらえます。

◎労災保険からの給付のしくみ◎

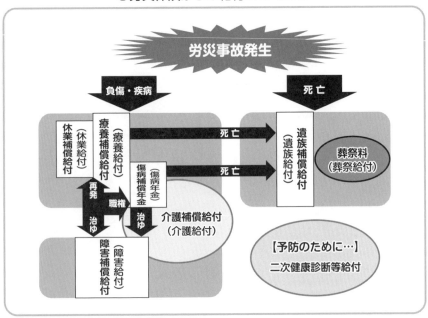

　「障害（補償）給付」は、傷病が治ゆしたあとで障害が残った場合に、被災労働者本人に支給される給付で、障害等級に応じて年金または一時金が支給されます。

　1年6か月たっても治ゆせず、療養を続ける場合には、労働基準監督署の職権により、「**傷病（補償）年金**」が支給されます。そのほか、被災労働者が死亡した場合に、その遺族に支給される「**遺族（補償）給付**」（年金または一時金）があるほか、「**介護（補償）給付**」や「**二次健康診断等給付**」などの給付もあります。

◎労災保険の給付の種類◎

どんなときに		給 付 の 種 類
労災指定の医療機関等にかかったとき		療養補償給付・療養給付 （現物給付）
労災指定ではない医療機関等にかかったとき		療養補償給付・療養給付 （現金給付）
傷病の療養のため、休業したとき		休業補償給付・休業給付
療養開始後1年6か月経過後、治ゆせず、傷病等級に該当するとき		傷病補償年金・傷病年金
治療したときに、障害等級に該当する障害が残ったとき		障害補償年金・障害年金（1級〜7級）、障害補償一時金・障害一時金（8級〜14級）
障害（補償）年金または傷病（補償）年金の一定の障害により介護を受ける場合		介護補償給付・介護給付
労働者の死亡	被災労働者の遺族の生活補償として	遺族補償年金・遺族年金 遺族補償一時金・遺族一時金
	被災労働者の葬儀費用の補てんとして	葬祭料（業務災害） 葬祭給付（通勤災害）
定期健康診断等で脳・心臓疾患に関連する検査項目について異常の所見が認められる場合		二次健康診断等給付

「補償」が付く給付は業務上の傷病。会社に補償義務が発生します。

「補償」が付かない給付は通勤災害による傷病です。

メンタルヘルスに関して労災は認められるか

心理的負荷による労災認定基準がある

　従来の**メンタルヘルス**にかかる労災認定基準は、審査に時間がかかりすぎることや、認定基準そのものがわかりにくいものでした。そこで、2011年（平成23年）12月に、「**心理的負荷による労災認定基準**」（以下「新基準」）が定められました。労災認定されるには、次の3つが必要です。

- 認定基準の対象となる精神障害を発病していること
- 認定基準の対象となる精神障害の発病前おおむね6か月の間に業務による強い心理的負荷が認められること
- 業務以外の心理的負荷や個体側要因により発病したとは認められないこと

　業務による強い心理的負荷が認められるかを判断する場合は、「業務による心理的負荷表」（以下「負荷表」）により、「強」と評価されることが必要となります。

　月160時間を超える極度の長時間労働など「**特別な出来事**」に該当するものがある場合は、「強」と判断されます。「特別な出来事」がない場合は、業務による出来事が、「具体的出来事」のどれに当てはまるかを判断し、標準的な強度を明示したうえで、心理的負荷の強度のどれに該当するかの「具体例」を「負荷表」に記載します。

　労災認定がわかりやすくなったことで、精神障害の労災申請件数が増えており、労災認定に数か月はかかる状況はいまでも変わりません。申請を行なう場合は、勤務先の会社や労働基準監督署に相談のうえ、申請するとよいでしょう。

QRコード パワハラ裁判事例やパワハラ対策の総合情報サイトはこちらから。

◎心理的負荷による労災認定基準のしくみ◎

【特別な出来事】＝強

◆心理的負荷が極度のもの
・強姦や、本人の意思を抑圧して行なわれたわいせつ行為などのセクハラを受けた

◆極度の長時間労働＝月160時間超

総合評価

「出来事」の心理的負荷の強度

「出来事後の状況が持続する程度」の心理的負荷

具体例を記載

業務による心理的負荷が「強」と判断される具体例

- 退職する意思がないことを表明しているにもかかわらず、執拗に退職を求められた

- 恐怖感を抱かせる方法を用いて退職勧奨された

- 突然解雇の通告を受け、何ら理由が説明されることなく、説明を求めても応じず撤回されることもなかった

退職を強要された

（※）複数の会社で雇用される人は、各社での業務をあわせて総合的に評価されます。

雇用保険とはどんな保険なの？

雇用保険からの給付はいっぱいある

「雇用保険」は、労働者が失業した場合に支給される「**求職者給付**」のほか、高齢、介護休業、育児休業の期間中などのときの生活補てんとしての給付もあります。

一般には「失業給付」などと呼ばれる「求職者給付」には、65歳未満の被保険者が受給できる「**基本手当**」と、65歳以降も引き続き雇用保険に加入する高年齢被保険者が受給する「**高年齢求職者給付金**」などがあります。

「**雇用継続給付**」には、60歳になって賃金が下がったときに、下がった賃金を補てんする「**高年齢雇用継続給付**」、介護休業中の生活費補てんとして「**介護休業給付**」があります。

育児休業中の生活補てんとしては「**育児休業給付**」があります。育児休業給付は、以前は雇用継続給付のなかに位置づけられていましたが、2020年（令和2年）4月の改正により新しい給付体系となりました。

◎育児休業給付は独立した位置づけに◎

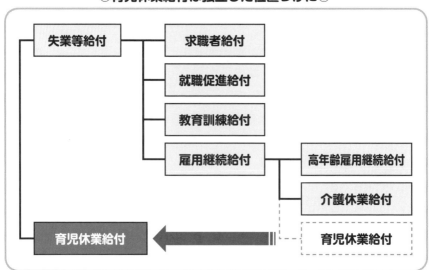

雇用保険は「雇用に関する総合的機能を有する制度」

　雇用保険からの給付の対象となるのは、以下にあげる場合です。

①労働者が失業してその所得の源泉を喪失した場合

②労働者について雇用の継続が困難となる事由が生じた場合

③労働者が自ら職業に関する教育訓練を受けた場合

④労働者が子を養育するための休業をした場合（→「失業等給付」「育児休業給付」として給付されます）

　このほか、雇用保険には次のしくみもあります。

⑤失業の予防、雇用状態の是正および雇用機会の増大、労働者の能力の開発、向上、福祉の増進を図るための「２事業」

◎雇用保険の体系◎

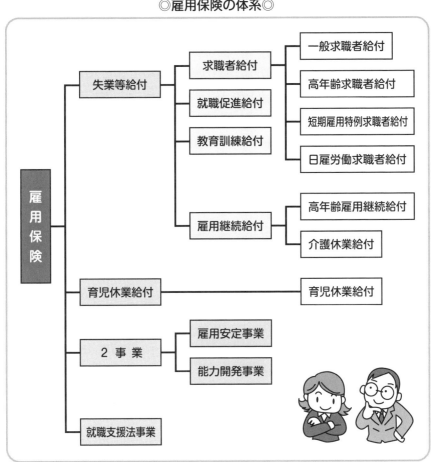

基本手当をもらうための条件は何か？

失業して条件を満たせば「基本手当」が受給できる

　65歳未満である雇用保険の一般被保険者が失業したときには、安心して仕事が探せるように、雇用保険から生活保障として「**基本手当**」が支給されます。一般には、「失業手当」「失業保険」などと呼ばれています。

　この基本手当をもらうには、次の条件を満たしていることが必要です。

①離職して、雇用保険の被保険者ではなくなっていること
②失業していること
③離職日以前の２年間に、賃金の支払いの基礎となった日が11日以上ある月、または労働時間数が80時間以上ある月を１か月と計算し、12か月以上あること

　ただし、倒産・リストラ等により離職した「**特定受給資格者**」「**特定理由離職者**」については、離職日以前１年間に被保険者期間が通算して６か月以上あることが必要です。

　ここで「**失業**」とは、単に仕事を辞めただけではなく、**働く意思**と**能力**があり、仕事を探しているにもかかわらず、仕事がない状態をいいます。したがって、たとえば専門学校等に入学するため、または結婚退職して家事に専念するため、当面就職はしない、あるいは、病気で働けないといった人については、働く意思または能力がないと判断され、基本手当を受給することはできません。

　基本手当を受給するには、退職した会社から「**離職票**」をもらい、必要書類をそろえて、住所地を管轄するハローワーク（公共職業安定所）で求職の申込みを行ないます。そして、原則として４週間に１回ずつ、ハローワークで失業の認定を受けたうえで、直前の28日間について、基本手当の請求を行なうこととなります。

◎基本手当の受給までの流れ◎

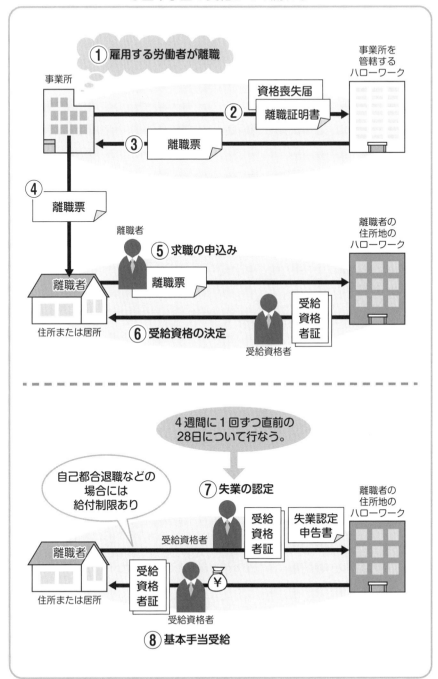

① 雇用する労働者が離職

事業所

事業所を
管轄する
ハローワーク

資格喪失届
② 離職証明書

③ 離職票

④ 離職票

離職者

離職者

住所または居所

⑤ 求職の申込み

離職票

離職者の
住所地の
ハローワーク

受給
資格
者証

⑥ 受給資格の決定

受給資格者

4週間に1回ずつ直前の
28日について行なう。

自己都合退職などの
場合には
給付制限あり

⑦ 失業の認定

離職者

住所または居所

受給資格者

受給
資格
者証

失業認定
申告書

離職者の
住所地の
ハローワーク

受給
資格
者証

受給資格者

⑧ 基本手当受給

86 特定受給資格者と特定理由離職者

リストラ・雇止めなどの理由で辞めた人の取扱い

特定受給資格者には優遇措置がある

　倒産・リストラ等で離職を余儀なくされた人で、一定の条件に該当する人については、「特定受給資格者」として次のような優遇措置が設けられています。

①基本手当のもらえる条件がゆるくなる

②基本手当のもらえる日数が増える（所定給付日数の優遇）場合がある

◎特定受給資格者に該当する例◎

倒産等の場合

● 倒産にともない、離職した者

● 事業所の廃止にともない、離職した者

● 事業所の移転により通勤することが困難となったため、離職した者

解雇等による場合

● 解雇（自己の責めに帰すべき重大な理由によるものを除く）

● 有期労働契約の更新により３年以上引き続き雇用されるにいたった場合において、労働契約が更新されないこととなったこと

● 事業所から妊娠・出産を理由とする不利益な取扱いを受けたことにより離職した場合、育児休業・介護休業等の申出を拒否されたことにより離職した場合（平成29年１月１日追加）

● 賃金（退職手当を除く）の額の３分の１を超える額が支払期日までに支払われなかったことにより離職した者（それまでは賃金不払いが２か月以上続いた場合または複数回あった場合に対象となっていたところ、平成29年１月１日より賃金不払い１回で対象に変更となりました）　　　　　など

有期契約の労働者などは特定理由離職者に該当することがある

　特定受給資格者以外の者であって、期間の定めのある労働契約が更新されなかったこと、その他やむを得ない理由により離職した人は「特定理由離職者」に該当します。具体的には、次の人をいいます。

①期間の定めのある労働契約の期間が満了し、かつ、当該労働契約の更新がないことにより離職した者（その人が更新を希望したのに、更新についての合意が成立しなかった場合に限ります）

②体力不足や心身の障害により離職するなど、正当な理由のある自己都合により離職した者

　特定理由離職者に該当すると、特定受給資格者と同様に、前ページ①・②の優遇措置を受けることができます。

　なお、新型コロナウィルスの影響により離職を余儀なくされた人は、特定理由離職者として、待期期間といわれる給付制限が適用されないケースもあります。

受給期間と病気等を理由とした 受給期間延長の手続き

　基本手当の受給期間は、原則として離職日の翌日から1年間です。その期間内に所定給付日数分の基本手当を受給しない場合は、権利がなくなります。しかし、病気など下記の理由により、引き続き30日以上働くことができない場合には、その働くことができなかった日数分、受給期間を延長することができます（最長4年間）。

　従来、受給資格の延長をする場合は、働くことができなくなった期間が30日を経過した日の翌日から1か月以内に離職票と延長理由を確認できる書類等を持参して、住所地を管轄するハローワークで手続きをする必要がありましたが、平成29年4月1日からは延長後の受給期間の最後の日までの間であれば、申請可能となりました。

　ただし、申請期間内であっても、申請が遅れた場合は、受給期間の延長をしても基本手当の所定給付日数のすべてをもらえないことがあるので、早めに申請しましょう。

延長できる理由	妊娠、出産、育児（3歳未満）、本人の病気・ケガ、親族等の看護（6親等以内の血族、配偶者および3親等以内の姻族）、事業主の命により海外勤務する配偶者に同行、青年海外協力隊など公的機関が行なう海外技術指導による海外派遣など

失業給付はどのくらいもらえるのか

自己都合退職かどうかなどによりもらえる日数が変わる

　基本手当は、雇用保険に加入していた期間や年齢、離職理由等により、もらえる「所定給付日数」が決まっています。そして基本手当は、受給期間（原則１年）中に、すべて受給する必要があります。

　まず、自己都合退職などによる場合の所定給付日数は、一部の就職困難者を除いて、全年齢共通の基準となっています。

◎自己都合退職等の場合の所定給付日数◎

雇用保険に加入していた期間	1年未満	1年以上5年未満	5年以上10年未満	10年以上20年未満	20年以上
全年齢共通	90日			120日	150日

◎特定受給資格者についての所定給付日数◎

雇用保険に加入していた期間	1年未満	1年以上5年未満	5年以上10年未満	10年以上20年未満	20年以上
30歳未満	90日	90日	120日	180日	――
30歳以上35歳未満	90日	120日	180日	210日	240日
35歳以上45歳未満	90日	150日	180日	240日	270日
45歳以上60歳未満	90日	180日	240日	270日	330日
60歳以上65歳未満	90日	150日	180日	210日	240日

88 その他の求職者給付と就業促進手当

雇用保険からの給付にはこんなものもある

基本手当以外で、求職者給付として支給されるおもなものには「**傷病手当**」と「**高年齢求職者給付金**」があります。

基本手当の代わりにもらえる「傷病手当」

基本手当は、傷病のため15日以上、職業に就けない場合には、受給することができません。この傷病期間中の生活を保障するのが「傷病手当」です。なお、傷病等のために15日未満の期間で職業に就けない状態の場合は、証明書を提出して失業認定を受け、基本手当を受給することとなります。

65歳以上の者が対象の「高年齢求職者給付金」

65歳以降も引き続き雇用保険に加入する高年齢被保険者が、失業した場合に支給されるのが「高年齢求職者給付金」です。離職前1年間に被保険者期間が通算6か月以上であったときに支給され、30日分または50日分の基本手当日額と同等の額が一時金として支給されます。なお、基本手当と違い、老齢年金が調整されることはありません。

就職促進のための「就業促進手当」

就職促進給付として支給される「**就業促進手当**」には、以下の3種類があります。

①**再就職手当**…正社員など1年を超えて引き続き雇用されることが確実である仕事に就職し、基本手当が一定以上の日数、残っている場合に支給されます。一定の要件を満たすと「**就業促進定着手当**」が上乗せされます。

②**就業手当**…基本手当が一定以上の日数、残っている場合で、再就職手当の対象とならない形で働いた場合に、働いた日ごとに支給されます。

③**常用就職支度手当**…「再就職手当」「就業手当」に該当しない場合で、障害のある人など就職が困難な者が安定した仕事に就職した場合に支給されます。

PART 5 労働保険のしくみはこうなっている

193

定年後に勤務して賃金が下がったら…

下がった給与を補てんしてくれる

定年後に嘱託などで再雇用されると、賃金が下がることがあります。そこで、雇用保険に加入している60歳台前半の人の下がった賃金を補てんするために、「高年齢雇用継続給付」があります。高年齢雇用継続給付を受給するには、次の条件を満たすことが必要です。

①被保険者期間が５年以上あること
②支給された賃金の額が60歳時点（60歳以降に被保険者期間が５年に達したとき）の賃金と比較して、25％超下がり、かつ、支給限度額未満であること

高年齢雇用継続給付には、基本手当を受給せずにもらう「**高年齢雇用継続基本給付金**」と、基本手当を受給し、一定以上の支給残日数がある場合に支給される「**高年齢再就職給付金**」の２つがあります。

◎２つの高年齢雇用継続給付の違い◎

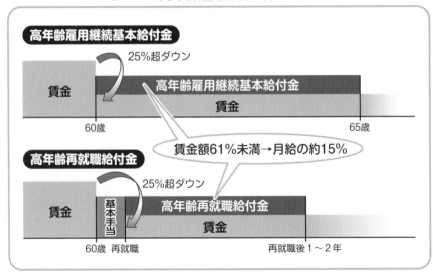

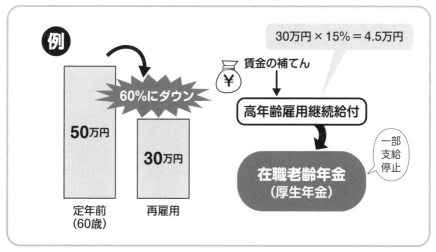

◎60歳以後の年金と給付金のしくみ◎

　２つの違いは、高年齢雇用継続基本給付金は、65歳までもらえるのに対し、高年齢再就職給付金の支給期間は、基本手当の支給残日数に応じて、１年間または２年間（最大65歳まで）となっていることです。給付額はいずれも、支給された賃金額が60歳時点の賃金と比較して61％未満まで下がった場合は、その賃金額の約15％です。

　なお、この給付率は、2025年４月から10％に引き下げられる予定です。

　また、厚生年金保険に加入して在職老齢年金を受けている場合は、標準報酬月額に応じて、老齢厚生年金の一部が支給停止になります。

　つまり、働く60歳台前半の人の生活を支えるお金には、給与のほかに、特別支給の老齢厚生年金と高年齢雇用継続給付があるわけですが、給与額が60歳時点からどの程度下がったか、厚生年金保険に加入しているか否か、高年齢雇用継続給付をもらえるか否かという３つの要素からもらえる額が変わってきます。

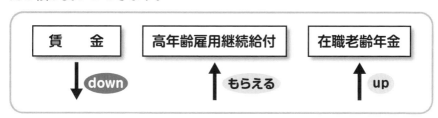

育児休業をとったときには保障がある？

育児休業を取得する男性も対象に

　子を養育するために**育児休業**をした雇用保険の被保険者に対しては、「**育児休業給付金**」が支給されます。男性も受給することができます。

　育児休業給付金をもらうためには、「みなし被保険者期間」（☞198ページ）が一定以上あることが必要です。支給額は、1か月あたり「休業開始前の賃金の50％×30日分」となっており、2か月ごとにまとめて支給されます。育児休業給付金が受給できる期間は、原則として、**養育している子が満1歳**になるまでです。

　育児休業を開始してから180日目までは、休業開始前の賃金の約67％となります。

　なお、育児休業給付金の支給開始は、男性の場合は出産日の翌日から、

◎育児休業給付金の支給開始と支給期間◎

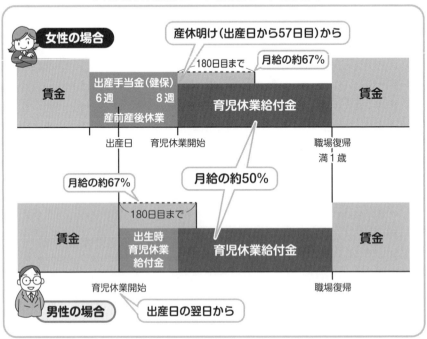

196

女性の場合は産前産後休業があるため、産休明けである出産日から57日目からです。女性の場合、健康保険に加入していないために出産手当金が受給できない場合でも、育児休業給付金は産休明けからしかもらうことができないので、注意が必要です。

　また、「パパ・ママ育休プラス」（父母が交替で育児休業を取得する制度）を利用する場合や、特に必要と認められる次のような場合には、満1歳を超えて育児休業給付金を受給することが可能です。

①パパ・ママ育休プラス利用の場合…満1歳2か月まで（ただし、被保険者1人あたりの上限1年間）

②特に必要と認められる次の場合…満2歳（※）まで

● 認可保育所に入所申請をしているが、空きがなく、認可保育所に入れないとき

● 子を養育する予定だった配偶者が、死亡したり、病気等の理由により、子を養育することができなくなった場合

　（※）原則は1歳までですが、休業を6か月延長しても保育所に入れない場合等に限り、さらに6か月の再延長が可能です。

育児休業給付の延長等の注意点

**知っ
トク！**

　最近は、働くお母さんが増えたため、保育園に入れない人も多くいます。平成29年10月より最大満2歳まで育児休業給付金をもらいながら休めるようになりましたが、原則は満1歳までです。給付金をもらいながら休むには、「保育園に申し込んだが入れなかった」という証明書（保育所入所保留通知書（旧：不承諾通知書））が必要です。

　大手企業などでは3歳まで休めるなど独自に規定しているところもありますが、育児休業給付金は、保育園に入れないなどの理由がある場合に、国の「雇用保険」から給付されるお金です。給付金を受給しながら育児休業を取得するためには、期限内に保育園に申し込むことや証明書の提出が必ず必要になるので、注意しましょう。

介護休業をとったときには保障がある？

育児介護休業法の規定に対応

労働者には、一定の要件を満たす介護が必要な状況の家族（以下「対象家族」）を介護するために「**介護休業**」を取得することが保障されています。

これに対応して雇用保険にも「**介護休業給付金**」があります。受給するためには、みなし被保険者期間が一定以上あることが条件です。

支給額は、1か月あたり「介護休業を開始したときの賃金日額の67%×30日分」で、介護休業を開始した日から上限3か月間で、通算93日分を限度として支給されます。

◎介護休業給付の対象家族◎

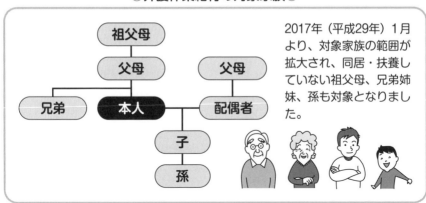

2017年（平成29年）1月より、対象家族の範囲が拡大され、同居・扶養していない祖父母、兄弟姉妹、孫も対象となりました。

知っトク！　みなし被保険者期間

育児休業給付や介護休業給付をもらうためには、育児休業（介護休業）開始前に、賃金支払いの基礎となった日数が11日以上ある月を1か月として計算して、通算12か月以上ある場合にのみ支給を受けることができます。

92　教育訓練給付金のしくみ

教育訓練費用を補助する制度がある

雇用保険の被保険者期間が3年以上あることが条件

　雇用保険には、「**教育訓練給付金**」の制度があります。

　教育訓練給付金を受給するためには、教育訓練を開始した日（基準日）に、雇用保険の被保険者であった期間（支給要件期間）が3年以上あることが必要です。教育訓練給付金には、一般教育訓練給付と専門実践教育訓練給付の2種類があり、一般教育訓練給付は、厚生労働大臣が指定する教育訓練を修了した場合に、その訓練費用（入学金・受講料）の20％が支給されます。専門実践教育訓練給付は、キャリアにおいて長く活かせる能力の取得を目的としており、2018年1月より内容が拡充され、支給率は50〜70％となっています。いずれも上限額や要件があります。

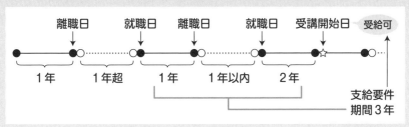

支給要件期間

　支給要件期間とは、基準日時点で、同一の事業主に引き続き雇用保険の一般被保険者として雇用された期間（被保険者資格の取得前に、他の事業所で被保険者であった期間があり、被保険者資格の空白期間が1年以内の場合は通算可）のこと。過去に教育訓練給付金を受給したことがある場合、支給要件期間はリセットされ、3年以上雇用保険の被保険者期間がなければ、教育訓練給付金は受給できません。

QRコード　対象となる講座一覧・支給要件などの詳細はこちらで。

労働保険料のしくみはどうなっている？

労災保険料、雇用保険料、一般拠出金の３つがある

　労働保険料は、「**労災保険料**」と「**雇用保険料**」「**一般拠出金**」の３つに分かれます。

　労災保険料は、労災保険の給付等に利用されるために徴収するもので、**会社のみが負担**します。雇用保険料は、給付に関する部分については、実際に給付を受ける被保険者と会社とが**労使双方で負担**し、そのほか雇用２事業にかかる費用は会社のみが負担し、雇入れや就業環境の整備をした会社に助成金を出す原資等として利用されています。一般拠出金とは、石綿（アスベスト）で健康被害を受けた方を救済するために、2007年（平成19年）４月１日から導入された**会社のみが負担**する費用です。

　労働保険料は、毎年６月１日から７月10日までの間に労働保険料の申告・納付手続き（以下「**年度更新手続き**」）を行ないます。

　労働保険料は、４月１日から３月31日までの年度単位で計算されます。労働者に支払う賃金総額に保険料率（労災保険率＋雇用保険料率）を乗じた額を１年に一度納付するしくみです。

　今年度に支払う予定の見込賃金総額にもとづいて、**概算保険料**を算定して納付します。そして、翌年の年度更新手続きの際に、前年度の**確定保険料**を算定し、概算保険料との差額と当年度分の概算保険料を合わせて納付します。一般拠出金は、概算払い制度はなく、前年度の賃金総額が確定したら確定保険料とともに納付します。

　なお、概算保険料は、年間保険料総額が40万円（労災保険・雇用保険いずれか１つの場合は20万円）以上であるか、労働保険事務組合に委託している場合には、**３回払いで納める**ことができます。また現在は、事前に手続きをすれば、口座振替による納付も可能です。

　また、労働保険料は、**事業所単位で計算**されます。労働保険料率の事業の種類が同じ場合など一定の要件を満たす場合には、手続きをすれば、複数の事業所分をまとめて計算することが可能です。

◎労働保険料の「年度更新」手続きのしくみ◎

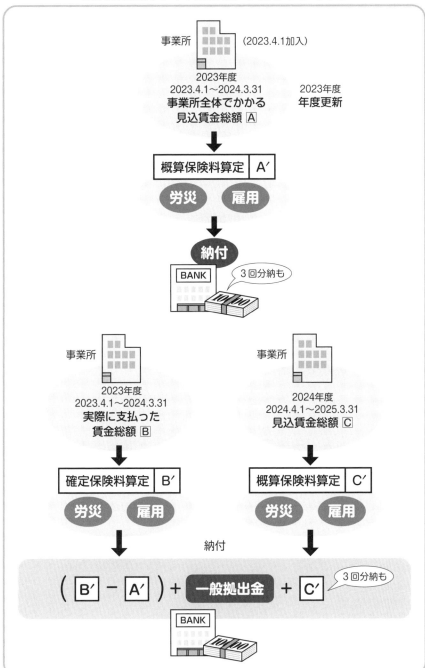

さくいん

203

おわりに

　本書を手に取っていただき、心から感謝申し上げます。

　本書は、公的な「社会保険」の基本を、できるだけわかりやすく説明しようと努めました。企業にとって、従業員が健康で安心して働ける環境は、とても重要なものです。社会保険は、そのための重要なサポート役となります。

　社会保険に加入することで、私たち自身や家族は、医療や将来の安定に関して支援を受けることができます。

　社会保険には、病気になったときの医療費のサポートや、老後の安心を支える年金制度、育児をしながらでも仕事を続けられるようにできる制度など、さまざまな恩恵があります。

　社会保険は、時流に合わせて法律や制度の改正が多い分野であり、企業で人事労務を担当する方は、特に最新情報を入手して対応する必要があります。

　そのため本書では、最近の改正点やその背景についても、できるだけ織り込むようにしました。

　さらに詳細を知りたい方のために、適宜、ＱＲコードを掲載し、詳細サイトへアクセスできるようにしています。

　本書が、社会保険の理解を深め、活用するための一助となり、皆さまの仕事や生活にお役立ていただければ幸いです。

2024年2月　　　　　　　　　　　　　　　　　　　　　　米澤裕美

【著者プロフィール】

米澤裕美（よねざわ　ひろみ）
特定社会保険労務士・米澤社労士事務所 代表。
新卒より、ネットワーク機器メーカーの内勤営業として19年間勤務。在職中は、統括リーダーとして採用や教育にも注力。社内の情報や想いの共有が重要だと考え、全国支店共通で閲覧できる社内ポータルサイトを立ち上げ、抜本的な業務改善を実現。退職後、社労士法人勤務を経て独立開業。現在は、複数企業の顧問、人事評価制度の導入支援、セミナー・執筆などで活動中。大切にしていることは人の想い。
＜米澤社労士事務所＞
ＵＲＬ：https://office-roumu1.com/

山田芳子（やまだ　よしこ）
1973年生まれ。法政大学法学部法律学科卒業。2001年8月に27歳で社会保険労務士事務所を開業。2015年10月に株式会社あいそれいゆを開業。医療・福祉業界特化の社会保険労務士として、指導など管理職研修・労使紛争予防コンサルティング・魅力ある職場づくりなど組織改革・職場風土改善セミナーなど、企業研修・経営相談・執筆業務に従事。現在は、引退して、新しいステージで楽しく挑戦を続けている。
著書に、『図解でわかるマイナンバー制度 いちばん最初に読む本』『図解でわかる介護保険の改正ポイント』『図解でわかる職場のハラスメント対策 いちばん最初に読む本』（以上、アニモ出版）などがある。

【改訂版発行の履歴】

・2011年3月15日　初版発行
・2013年3月15日　改訂2版発行
・2016年3月15日　改訂3版発行
・2018年2月15日　改訂4版発行
・2121年3月15日　改訂5版発行

図解でわかる社会保険　いちばん最初に読む本
【改訂6版】

2024年3月15日　改訂6版発行

著　者　米澤裕美
編著者　山田芳子
発行者　吉溪慎太郎

発行所　株式会社**アニモ出版**
〒162-0832 東京都新宿区岩戸町12 レベッカビル
TEL 03(5206)8505　FAX 03(6265)0130
http://www.animo-pub.co.jp/

©H.Yonezawa&Y.Yamada 2024　ISBN978-4-89795-283-3
印刷・製本：壮光舎印刷　Printed in Japan

落丁・乱丁本は、小社送料負担にてお取り替えいたします。
本書の内容についてのお問い合わせは、書面かFAXにてお願いいたします。

すぐに役立つ アニモ出版 実務書・実用書

図解でわかる給与計算と 社会保険事務 最強ガイド

大田 麻衣 著　定価 1760円

毎月の給与支給、保険料徴収事務から、年末調整、保険給付
手続きまで、すぐに役立つ親切ハンドブック。ミスやモレが
解消できて、定例的事務がスムーズにこなせるようになる本。

これだけは知っておきたい！
人事・労務のしごとの基本

アイ社会保険労務士法人 著　定価 1760円

労働基準法の基礎知識から定例事務のこなし方まで、人事・
労務のしごとに必要な実務のポイントをコンパクトに網羅。
テレワークにも対応した、すぐに役立つ必携ハンドブック！

図解でわかる 労働法の基本としくみ

佐藤 広一・太田 麻衣 著　定価 1980円

労務トラブルを未然に防ぐためにも、雇用する人も雇用され
る人も知っておかなければならない労働法について、1項目
＝2ページで、図解を交えてやさしく解説した入門実用書。

意外に知らない?!
最新 働き方のルールブック

寺島 有紀 編著・大川 麻美 著　定価 1980円

最近、急激に変わっている労働関連法の改正内容などを整理
して、新しい働き方のルールをコンパクトに解説。1項目＝
2ページだから、困ったときにもパッと理解できて便利な本。

定価変更の場合はご了承ください。